실사 모델 / 제품 광고
2D 일러스트까지!

삼성 AI광고
제작자가
알려주는

스테이블
디퓨전으로

AI 광고
이미지
만들기

김종헌 저

DIGITAL BOOKS
디지털북스

스테이블 디퓨전으로 AI 광고 이미지 만들기

| 만든 사람들 |

기획 IT·CG기획부 **| 진행** 박성호 **| 집필** 김종헌
표지 디자인 원은영 **| 편집 디자인** 이기숙

| 책 내용 문의 |

도서 내용에 대해 궁금한 사항이 있으시면
저자의 블로그나 본 도서의 참조 사이트를 통해서 해결하실 수 있습니다.

디지털북스 홈페이지 digitalbooks.co.kr
디지털북스 페이스북 facebook.com/ithinkbook
디지털북스 인스타그램 instagram.com/digitalbooks1999
디지털북스 유튜브 유튜브에서 [디지털북스] 검색
디지털북스 이메일 djibooks@naver.com
저자 인스타그램 hundred_ai_official
저자 이메일 hundredai100@gmail.com
도서 참조 사이트 https://books.django.ac

| 각종 문의 |

영업관련 dji_digitalbooks@naver.com
기획관련 djibooks@naver.com
전화번호 (02) 447-3157~8

소개글

'미래를 대비하기 위해 이미지 생성형 AI를 익혀야 할까?', 'Midjourney와 Stable Diffusion을 어떻게 업무에 적용할 수 있을까?', '생성형 AI가 디자이너들을 전부 대체할 것인가?'와 같은 질문을 가지고 이 책을 폈을 것입니다. 이 책의 핵심에 가까운 질문에 대한 답을 드리기 전에, 꼭 알아야 할 AI의 역사가 있습니다.

2023년은 AI가 본격적으로 조명되던 해였습니다. ChatGPT 3의 도약은 AI가 사무에 사용될 수 있다는 것을 대중들에게 알려주었습니다. 하지만 대화형 인공지능이 준 충격을 넘어 이미지 생성형 AI가 만든 결과물들은 공포감을 주었을 것입니다. AI가 절대 넘지 못할 것 같았던 영역인 '디자인'이 가장 먼저 직접적인 영향을 받았기 때문이었죠. Midjourney나 Stable Diffusion과 같은 이미지 생성형 AI는 아직도 디자인 업계에서 커다란 논란거리입니다. 그렇다면 2023년의 충격이 오기 전에는 무엇이 있었을까요?

2021년에 생성된 이미지

이 이미지들이 무엇인지 짐작할 수 있으신가요? 정답은 '토키와 숲에 사는 피카츄'입니다. 명령어를 제대로 이해한 것인지를 따지기 전에, 특정 캐릭터인지 전혀 알아볼 수 없는 괴기스러운 이미지로 밖에 보이지 않습니다. 생성에도 긴 시간이 걸리고 제작자의 의도를 파악하지도 못하는 성능이 2021년 AI의 평균이었습니다. 1년 뒤인 2022년엔 어떤 이미지가 있었을까요?

2022년에 AI 이미지 관련 작은 화제를 이끌었던 '라면을 먹는 M 캐릭터'

2022년에는 미드저니가 만든 이미지가 그림 대회에서 상을 받는 등 조금씩 세상에 알려지며 재미있는 화젯거리가 되기도 하였지만, 이 책에서는 다른 이야기를 다루고자 합니다.

2022년에 생성형 이미지에 화제가 된 사건으로 '라면을 먹는 M 캐릭터'를 먼저 살펴보고 싶네요. 위의 이미지들은 2024년 기준 2D 캐릭터 생성형 AI의 대명사가 된 'Novel AI'로 제작하여 서브컬쳐 계에 AI 이미지를 파격적으로 알리는 역할을 했습니다. 명령어로 [Chopsticks, Eating Ramen, 캐릭터 이름] 등을 입력하고 생성한 결과입니다. 상당히 우스꽝스럽지요. 젓가락도 쓰지 않으며, 라면을 손으로 먹는 등 말도 안 되는 이미지들이 생성되었습니다. 그래도 발전한 부분이라면 특정 '캐릭터 M'이라는 것을 알아볼 수 있다는 점입니다. 이때만 하더라도 AI가 디자인을 넘보려면 수년, 많게는 수십 년은 걸릴 것이라는 평가가 지배적이었습니다.

2024년 4월에 SDXL을 활용해 제작한 이미지

위의 '라면 먹는 남성 이미지'는 필자가 Stable Diffusion XL 버전을 이용해 만든 이미지입니다. 2022, 2021년의 예시 이미지들처럼 막대한 규모의 컴퓨터 서버를 이용한 것도 아니며 집에 있는 컴퓨터로 간단하게 만든 이미지입니다. 이미지 제작 접근 가능성도 굉장히 간편해졌을 뿐만 아니라 비용도 막대하게 줄었습니다. 하지만 성능은 눈에 띄게 변하였죠.

무슨 이야기를 하고자 하는 것인지 짐작하셨을 것입니다. 이미지 생성형 AI는 몇 년 사이에 압도적인 속도로 발전했고, 발전하고 있습니다. 관련된 새로운 기술이 매해 나오는 것이 아니라 매 분기, 매달마다 쏟아져 나오고 있을 정도입니다. 2024년 이후의 독자가 위의 라면 먹는 이미지를 본다면 퀄리티가 낮다고 느껴질 정도로 말이죠. 이미지 생성뿐만이 아니라 영상 생성도 마찬가지입니다. 2023년에 올라온 '윌 스미스가 스파게티를 먹는 AI 영상'은 많은 사람에게 웃음을 주었습니다. 스파게티를 손으로 먹는 것뿐만 아니라 배우의 얼굴이 괴상하게 망가졌죠. 하지만 2024년 Open AI가 발표한 'Sora AI'는 컴퓨터 하나가 영상 제작 업체 전체를 대체할 수 있는 수준의 결과물을 보여주었습니다. 해가 지나면 지날수록 그 누구도 상상하지 못한 기술이 나올 것이고 AI를 활용해 콘텐츠를 만드는 것은 주류가 될 것입니다.

'왜 이 책이 필요한가?'에 대한 질문으로 돌아오겠습니다. 'AI가 날이 갈수록 발전한다면 왜 굳이 2024년에 나온 책이 필요한가?'라고 생각하셨을지도 모릅니다. 날이 가면 갈수록 고퀄리티 이미지를 만드는 법은 간단하겠지요. 하지만 정확하게 원하는 의도와 구도를 구현하려면 결국 사람의 손길이 필요합니다. AI가 당신과 의뢰인의 생각을 읽을 수 없기에 필연적으로 생겨나는 일입니다. 다른 이미지 생성형 AI 책들의 경우 프롬프트 사전으로 구성되어 실무적으로 활용하기가 어려웠습니다.

특히나 미드저니나 Dall-E에 쓸 프롬프트의 경우 구글에 검색하는 것만으로도 얻을 수 있기에 책을 통해 얻을 수 있는 이득이 매우 적다고 생각하였습니다. 반면 이 책에는 제가 직접 배우고 겪은 모든 시행착오의 과정을 하나하나 적었습니다. 다른 클라이언트들에게 판매하기 위하여 AI 디자인 작업물을 발전시키는 과정을 기록하였기 때문에 보다 실용적이라고 자부합니다. 이 책을 통해 'AI 디자인만으로 살아남는 법'을 알려주는 것뿐만 아니라 '전문 디자이너가 AI를 어떻게 활용할 것인가?'에 대한 답변을 드리고자 합니다.

책을 통해 얻게 되는 내용은 이미지 생성뿐이 아닙니다. 영상 생성형 AI도 마찬가지입니다. 영상 생성형 AI에는 크게 두 가지 종류가 있는데, 바로 t2v(text to Video)와 i2v(Image to Video) 입니다. '화장품을 든 붉은 드레스를 입은 동양인 여성' 명령어를 입력한다면 t2v는 그 명령에 맞게 영상을 제공할 것입니다. Sora AI의 결과물이 훌륭하였듯이 미래에는 더 좋은 퀄리티의 영상이 쉽게 나오겠지요. 하지만 당신이 정확하게 의도한 결과물은 나오기란 쉽지 않을 것입니다. 당신이 원하는 붉은 드레스 디자인이나 화장품을 들고 있는 특정 자세 및 구도는 당신과 의뢰인의 생각 속에 담겨있기 때문이죠. 그렇기 때문에 특정한 영상을 구현하려면 i2v 기능을 사용하여야 합니다. 특정한 영상을 구현하기 위하여 특정한 이미지 제작이 먼저 선행되어야 한다는 뜻이죠. 당신이 원하는 각도, 구도, 인물, 사물, 배경의 영상을 자유롭게 구현할 수 있는 가장 좋은 방법은 바로 AI로 이미지를 제작하는 것입니다.

처음에는 이 책이 쉽게 느껴지지 않을 수도 있을 것입니다. 이 책은 단순히 구글에 검색해서 나오는 프롬프트들을 복사 - 붙여넣기 한 책이 아닙니다. 명령어를 입력하는 법만 단순하게 알려주지도 않습니다. 내가 원하는 이미지를 정확하게 얻기 위해 이미지를 수정하고 체계적으로 만드는 법을 알리고자 쓴 책입니다. 그렇지만 너무 어렵게 느껴지지 않도록, 초심자분들을 위하여 작업 프로세스를 하나씩 담았습니다. 이미지 생성형 AI를 처음 접한 분들을 위하여 눈높이에 맞춰서 기초와 이론, 그리고 실습 또한 준비하였습니다. 하나씩 따라 한다면 누구나 만들 수 있기 때문에 차근차근 읽어보셨으면 합니다.

나아가 광고대행사, 그래픽 디자인 회사, 디자인 툴을 다루는 분들을 위하여 타 디자인 툴을 병행하여 작업하는 과정까지 모두 담았습니다. 'AI와 디자인의 미래는 어떻게 될 것인가?' 저는 이 질문에 대한 답을 찾는 과정에서 광고대행사와 함께 영상광고를 만들어보기도 하고 다양한 클라이언트들과 함께 광고 이미지를 만들기도 하였습니다. 이미지 생성형 AI에 대해 하나도 모르던 시절부터 시작하여, 대기업과 광고를 만드는 과정을 단기간에 겪었습니다. 그렇기에 초심자와 숙련된 디자이너 모든 분께 눈높이를 맞춰서 글을 쓸 수 있었습니다.

AI가 산업 전반에 걸쳐 모든 것을 바꾸고 있는 지금, 어떻게 미래에 대비할지, 이 책을 통해 함께 고민하며 답을 찾았으면 합니다.

저자가 실제 작업한 삼성 에버랜드 광고 – 디스토피아

AI로 수익화?

책을 펼치면서 가장 궁금해하실 항목은 바로 AI로 어떻게 수익 실현을 할 것인가에 대한 해답일 것입니다. 스테이블 디퓨전 뿐만 아니라 다양한 이미지 생성형 AI(미드저니, 달리3), 나아가 Chat GPT와 같은 LLM을 활용하여 효율적으로 돈을 버는 것이 가능할까요? 앞에서 이야기한 발전 속도와 함께 결론을 내린다면 다음과 같이 대답할 수 있습니다. 앞으로 AI를 활용하지 않는다면 돈을 벌 수 없는 시대가 다가온다. 직접적인 수익화 수단을 논하기 전에, 개개인 측면에서도 답변을 드려보고 다가올 산업구조 변화에서도 답변을 드리겠습니다.

디자이너가 포토샵, 일러스트레이터, 피그마와 같은 디자인 툴을 다루지 않는다면 과연 취업하거나 프리랜서로서 살아남을 수 있을까요? 분야에 따라 다르겠지만 디자이너들은 입을 모아 힘들다고 답변할 것입니다. 효율적인 디자인을 툴을 다루지 못한다는 것은 경쟁력을 잃는다는 것이며, 인재가 아니라는 증거가 되겠지요.

생성형 AI를 활용할 줄 아는 것은 이제 단순히 '남들과 다른 독특한 기술을 익혀두었는가?'가 아닌 '포토샵, 피그마와 같은 디자이너로서 갖춰야 할 필수 역량이 준비되어 있는가?'를 판가름하는 중요한 역량이 될 것입니다.

세상에 없던 효율성

광고 업계 혹은 그래픽 디자인 업계에서 근무한 디자이너라면 비슷한 레퍼런스[1]의 이미지를 찾는 데 엄청난 시간이 소요되는 것을 경험해 보았을 것입니다. 필자도 '고양이와 아이가 하이파이브하는 사진'을 찾기 위해 무려 4시간을 소요한 적이 있을 정도입니다. 컨셉과 분위기가 맞는 이미지여야 하기 때문에 조건이 매우 까다로웠습니다. 하지만 지금은 이야기가 다릅니다.

---

1   음악, 영화, 디자인 등 예술적 창작물을 만들 때 참고로 하거나 영향을 받은 다른 창작물

미드저니에서 5초 만에 만든 이미지

프롬프트로 cat and baby, cat and baby highfive만 입력했을 뿐인데 원하는 이미지가 나왔습니다. 손가락에 문제가 있지만 포토샵으로 지워내거나 편집한다면 크게 문제가 없을 정도의 이미지가 말이죠.

이런 식으로 레퍼런스를 찾는 것뿐만 아니라 클라이언트와 조율하기 위하여 예시 이미지나 시안을 준비하게 되는데, 클라이언트들과 광고주들은 대부분 디자이너 출신이 아니기 때문에 퀄리티가 높은 시안일수록 이해를 도울 수 있고, 긍정적인 평가를 받는 데에 매우 유리합니다. 생성형 AI를 활용하지 않는다는 것은 업무 효율을 잃는 것이 아니라 기업과 조율하는 디자이너로서 가치를 잃는다는 것을 의미합니다.

끝없는 활용 가능성

이미지 생성형 AI는 그야말로 무궁무진한 활용 가능성을 가지고 있습니다. 활용 가능성이 높은 이유 중 하나는 바로 기존의 다양한 디자인툴과 병행하여 높은 시너지를 낼 수 있다는 점입니다. 3D 제작 관련 툴 중 하나인 'Blender'와 Stable Diffuion을 병행하여 제작한 사례를 살펴보겠습니다.

Blender와 Stable Diffusion을 병행하여 제작한 사례. 출처: Designer – Yuxa

이미지 생성형 AI의 가장 뛰어난 장점은 디자이너의 역량에 따라 활용할 수 있는 방안이 매우 무궁무진하다는 것입니다. 앞에서 언급한 Blender를 활용하여 틀을 잡고, 렌더링하는 대신에 AI를 활용할 수도 있습니다. Blender뿐 아니라 이 책의 후반에 소개하는 포토샵, 클립 스튜디오 등 다양한 디자인 툴을 활용할 수도 있습니다.

이처럼 이미지 생성형 AI는 사용자의 역량에 따라 끊임없이 활용처가 다양해지고 다양한 고퀄리티의 이미지를 생성할 수 있다는 점에서 잠재성이 매우 뛰어납니다. 특히나 숙련된 디자이너일 경우, 생성형 AI를 자신만의 작업 방식에 접목하여 높은 퀄리티의 이미지를 빠르게 생산하고 판매할 수 있습니다. 이 잠재성을 어떻게 발휘할지는 오로지 여러분의 몫입니다.

1인 대기업의 가능성

앞에서 언급한 것처럼 생성형 AI는 활용 가능성이 뛰어나고 효율적이기 때문에 제작 속도를 빠르게 하고, 결과물의 퀄리티를 향상시키고 있습니다. 문제는 이러한 효율성 때문에 '전체적인 단가가 줄어드는 것이 아니냐.'라는 부정적인 전망입니다.

직접적인 단가의 이야기를 하는 것은 어렵지만 실제로 다양한 일들이 일어나고 있습니다. 배경용 일러스트를 제작하는 비용이나, 인물을 활용한 스틸 컷의 가격이 기존에 비해 몇 배나 낮아지는 등 시장의 가격이 파괴되고 있습니다. 이는 단순히 디자이너의 몸값이 낮아지는 것을 의미하는 것이 아니라, 순수 디자인 기업이 유지되기 힘들 것이라는 의미입니다.

그러나 일반인들의 우려와 다르게 여러 AI 전문가는 반대의 예측을 내놓고 있습니다. 바로 "생성형 AI가 1인 대기업을 가능하게 만들 것이다."라는 것입니다. 특히 오픈AI의 CEO인 샘 알트먼은, 무수한 실험들이 이뤄지고 생존 싸움이 벌어지면, 살아남은 인재가 시장을 독차지한다고 강조합니다. 인공지능이 발달한다는 것은 CEO 한 명과 다수의 AI 에이전시만으로도 기업을 운영할 수 있다는 뜻입니다. 1억 달러의 가치를 넘는 기업이 컴퓨터 한 대뿐인 좁은 방에서 탄생할 수도 있겠죠. 믿기 힘든 예견입니다. 하지만 실제로 프리랜서 시장에서는 혼자서 수많은 일을 맡는 전문가들이 갈수록 늘어나는 추세입니다.

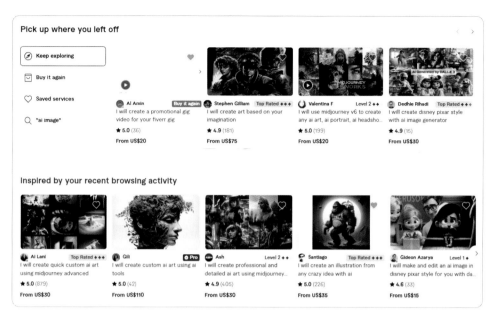

해외에서는 이미 활발하게 진행되고 있는 AI 콘텐츠 프리랜서 시장 – Fiverr

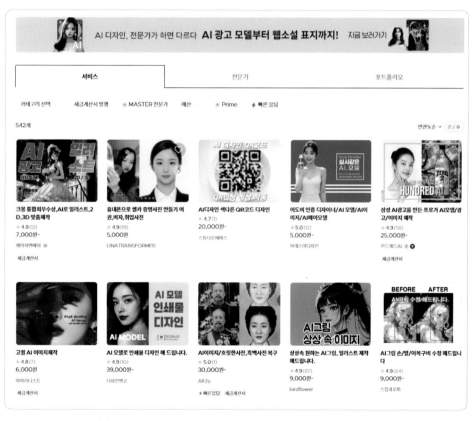

국내에서도 이미 불길이 붙기 시작한 AI 콘텐츠 관련 프리랜서 시장 – 크몽

해외에서는 Fiverr, 국내에서는 크몽과 같은 플랫폼에서 이미 AI 콘텐츠를 제작하여 판매하는 프리랜서들의 활동이 갈수록 활발해지고 있습니다. 아직은 모든 기업과 전문가들을 대체할 정도로 시장이 커지진 않았지만, 생성형 AI가 발전함에 따라 기하급수적으로 커질 것이라 감히 예측해 봅니다.

그렇기 때문에 수익화를 위해서 1순위로 해야 하는 것은 최대한 빠르게 개인 브랜딩을 하는 것입니다. 당장 생성형 AI를 활용하여 전문적인 이미지를 제작하는 사람의 수는 그리 많지 않습니다. 단순히 남들보다 먼저 생성형 AI를 다뤄보았기 때문이지, 감각이 받쳐주는 디자이너의 수는 그리 많지 않습니다. 또한 어느 정도 디자인 툴을 다루면서 생성형 AI를 함께 다룰 줄 아는 사람들의 수는 더욱 드뭅니다.

따라서 생성형 AI와 기존의 디자인 스킬을 병행하여 포트폴리오를 쌓아 블로그를 만들거나 개인 페이지를 운영하여 자신의 가치를 증명할 수 있다면 보다 빠르게 미래를 대비할 수 있을 것입니다. 레드오션이 되기 전에 대비하는 것이 가장 쉽고 현명한 방법입니다.

그렇다면 디자인 스킬을 가지지 않은 독자들은 다음과 같은 질문을 할 수 있을 것입니다. '디자인 툴을 다룰 줄 모른다면 이미지 생성형 AI를 활용한 수익화 시도를 할 수 없는 것인가?'와 같은 질문을 말이죠. 뒤에서 후술할 Stable Diffusion은 아주 약간의 프로그램 언어 지식을 요구합니다. 이는 디자이너들이 배우기 가장 꺼리는 요소이기 마련입니다. 디자인과 프로그래밍 언어지식, 이 두 가지를 함께 익힌 전문가의 수는 매우 적습니다. 그렇기 때문에 이를 성취하고자 시도하는 경쟁자의 수도 많지 않습니다. 그렇기 때문에 디자인 툴을 익히지 않았다면, 지금이라도 빠르게 익히고 생성형 AI를 어떻게 결합할 것인지 고민해 보는 것이 좋습니다. 배워야겠다고 생각한 지금이야말로, 기술 변화에 둔감한 다른 전문가들보다 빠르게 앞서 나아갈 수 있는 마지막 기회가 될지도 모릅니다. 그 기회가 언제 끝이 될지는 아무도 모릅니다.

수익화를 위해서 가장 명심해야 할 것은 자신이 가지고 있는 스킬과 결합하는 것입니다. 단순히 이미지 생성형 AI만으로는 그 시장에 뛰어들기가 어렵습니다. 하지만 기존에 가지고 있던 스킬과 세부적인 시장의 상황을 알고 있다면 이야기가 달라집니다. 필자는 광고 제작과 관련된 경험과 업계에 대한 상황과 관련된 최소한의 지식이 있었습니다. 그렇기 때문에 이미지 생성형 AI를 어떻게 광고와 관련된 계통에 활용할지 떠올리고 상업적 용도의 이미지 생성에 접목할 수 있었습니다.

필자가 제작한 유네스코 아시아태평양 국제교육원의 2024년 상반기 잡지 일러스트

이는 광고뿐만이 아닙니다. 세부적인 항목에서도 포함됩니다. 책 표지, 게임 일러스트, 앨범 커버와 같은 이미지 제작부터, 앞에서 언급한 건축, 설계, 제품 디자인과 관련된 3D 활용 등 생성형 AI와 결합할 수 있는 항목들은 수없이 많습니다. 세부적인 항목과 관련된 전문적인 지식과 감각, 그리고 생성형 AI를 결합한다면 누구보다 빠르게 치고 나아갈 수 있는 전문가가 되어 미래 시장에서도 살아남을 수 있을 것입니다.

결론은 누구나 AI를 통하여 새로운 출발점을 세울 수 있다는 것입니다.

생성형 AI가 나온 지 얼마 안되었기에, 세부적인 분야별로 정립된 워크플로우나 수익화 구조가 제대로 나오지 않았습니다. 마치 스마트폰이 태동하고 애플리케이션 시장이 블루오션이었던 것처럼, 바로 지금이 개척할 기회입니다. 여러분이 경험과 아이디어가 혼란한 시장에서 최고의 답이 될 수 있습니다.

필자는 광고와 관련된 지식과 이미지 생성형 AI를 접목시켜 수익화를 다룬 사례들을 뒤에서 다룰 것입니다. 이 사례들이 새로운 답을 찾기 위한 좋은 영감이 되길 바랍니다.

왜 Stable Diffusion인가?

아직 많은 사람들이 명령어(프롬프트)를 입력하는 것만으로도 원하는 이미지를 얻을 수 있다고 착각합니다. 그렇기 때문에 좋은 이미지를 만들기 위하여 더 좋은 프롬프트를 찾기 위해 가장 많은 시간을 들입니다. 하지만 프롬프트는 모든 것을 해결해 주지 않습니다. 이는 AI의 이미지 생성 원리를 이해하면 알 수 있습니다.

가령 'dog, park'와 같은 간단한 프롬프트들을 입력한다면 강아지가 공원에 있는 이미지를 그려줄 수도 있을 것입니다. 좀 더 복잡한 예시를 댄다면 결과는 달라집니다. [dog, elephant, people, duck, cat, lion, bear, horse, mouse, tiger… 그 외의 동물들 수백 가지]를 입력한다면 어떻게 될까요? AI는 프롬프트를 정확하게 인식하지 못하고 동물들 일부만 그릴 것입니다.

dog, elephant, people, duck, cat, lion, bear, horse, mouse, tiger, zoo를 입력하여 생성한 이미지

AI가 이미지를 잘 그리는 단계에 왔지만, 모든 명령어를 100% 제대로 인식하는 단계에 이르지는 않았기 때문이죠. 하물며 동물과 인간이 결합된 모습을 보여주기도 합니다. 그렇기 때문에 원하는 이미지가 나올 때까지 프롬프트만 새롭게 조합해서 만드는 것은 시간 낭비에 가깝습니다. 설령 이를 인식할 수 있더라도 동물들의 위치를 정하는 것은 AI가 무작위로 정하겠지요. 정확하게 의도된 생각을 구현할 수가 없다면 상업적으로 이용하기에는 부족함이 많습니다.

하지만 Stable Diffusion은 프롬프트 입력 이상의 의도 구현을 가능하게 합니다. Stable Diffusion 에서는 '단순히 프롬프트를 입력하여 이미지를 생성하는 것' 이상의 일들을 직접적으로 할 수 있습니다. 이미지 안에서 편집하거나 다양한 확장 파일을 이용하여 원하는 방식으로 이미지를 생성할 수 있게끔 만듭니다. 마치 포토샵이 이미지를 자유롭게 합성할 수 있는 것처럼 말이죠. 포토샵과 차이가 있다면, AI가 당신이 만든 구상을 한 번 더 새롭게 그려내어 진짜 같은 그림을 만드는 것이 가능하다는 것입니다.

이 책에서 확인할 수 있는 예제 중 하나, 정확하게 원하는 구도의 이미지를 만들 수 있다

어쩌면 이른 시일 내로 포토샵과 미드저니 등 다른 생성형 AI에서도 위의 기능을 활용할 수 있을 것입니다. 하지만 이런 AI들이 따라올 수 없는 Stable Diffusion의 가장 큰 차이점은 오픈소스[2]로 모두에게 공개가 된다는 점입니다. Stable Diffusion을 자유롭게 편집할 수 있다는 점을 이용하여 지금, 이 순간에도 수많은 개발자가 새로운 확장 기능들을 선보이고 있습니다. 새로운 기술들이 다른 이미지 생성형 AI에 추가될 수 있을지언정 그것이 언제가 될지는 아무도 모릅니다. 반대로 말하자면 Stable Diffusion을 활용할 수 있다는 것은 새로운 기술을 가장 먼저 접할 기회를 얻게 되는 것과 같다는 뜻입니다.

---

2   어떤 소프트웨어 프로그램을 개발하는 과정에 필요한 소스 코드나 설계도를 누구나 접근해서 열람할 수 있도록 공개하는 것

Stable Diffusion의 두 번째 특징은 바로 로컬 AI라는 것입니다. ChatGPT나 Midjourney와 같은 AI들은 거대한 자사의 서버들을 사용하고 있습니다. 당신이 업로드한 이미지나 프롬프트 같은 것들이 서버를 한번 거치고 결과물을 생성하게 되는 것이지요. 반면 Stable Diffusion은 당신의 컴퓨터 하나만을 요구합니다. 오직 당신의 컴퓨터 안에서 결과물을 만들기 때문에 아무도 정보에 접근할 수 없습니다. 수많은 기관이나 기업이 작업에 임할 때 가장 신경 쓰는 것이 바로 보안 문제입니다. 미래에 아무리 뛰어난 AI가 나오더라도 정보 유출을 신경 쓴다면 쉽사리 이용하지 않을 것입니다. 그렇기 때문에 수많은 기업이 자사의 광고나 이미지, 그래픽 콘텐츠를 활용할 때 가급적 로컬 AI를 사용하는 것이 주가 될 것입니다. 압도적 1등 로컬 이미지 생성형 AI인 Stable Diffusion이 주목받는 이유가 바로 그 때문입니다.

Stable Diffusion이 주목받는 이유가 자유로운 편집, 보안 때문만은 아닙니다. 가장 큰 특징은 바로 자유롭게 커스터마이징이 가능하다는 점입니다. Stable Diffusion은 지금도 수많은 확장 기능이 쏟아져 나오고 있습니다. 오픈소스이기 때문에 개발자들이 Stable Diffusion을 자유롭게 활용하고자 수많은 확장 기능을 개발하고 있기 때문에 앞으로도 무궁무진하게 나올 예정입니다. 이러한 확장 기능들을 활용한다면 게임에서 모드(Mods)를 설치하거나 스마트폰에서 애플리케이션을 설치하는 것과 같이 나만의 효율적인 워크플로우를 만들 수 있습니다. 이 점이 웹사이트에서 이용 가능한 Stable Diffusion 기반의 서비스 대신 로컬 AI인 Stable Diffusion을 추천하는 이유입니다.

자유롭게 설치할 수 있는 수많은 확장 기능. 이 기능들은 극히 일부에 불과하다

자유롭게 이미지를 구현하고 마음대로 커스터마이징 가능한 Stable Diffusion. 글만 이렇게 보았을 때 오히려 방대하게 느껴질 수 있다고 생각합니다. AI이기 때문에 새로운 영역처럼 느껴져서 배우는 것에 부담을 느끼는 분들도 상당수일 것입니다. 내 몸처럼 자유롭게 이용하는 데에는 시간이 다

소 필요할 수도 있습니다. 하지만 본 저자는 Stable Diffusion을 처음부터 독학으로 배우면서 수많은 시행착오를 겪었습니다. 독자 여러분들이 시행착오로 시간을 낭비하지 않도록 핵심 노하우와 액기스만을 담았습니다. Stable Diffusion과 관련하여 무수히 많은 정보가 쏟아져 나오고 어떤 것부터 시작해야 할지 모르겠다면 이 책과 함께 한 발짝씩 나아가 봅시다.

Stable Diffusion이라는 이미지 생성형 AI에 큰 매력을 느끼셨나요? 긴 서두였을 진 몰라도 꼭 알아야 할 이야기이기에 이렇게 글에 담아 썼습니다. 지루한 서두를 읽어준 독자 여러분께는 감사의 말씀을 드립니다. 이제는 Stable Diffusion이 정복 불가능한 산이 아닌, 한 발짝씩 걸음을 옮긴다면 누구나 정복 가능한 산이라는 것을 알게 될 차례입니다. 도전정신으로 가득 찬 지금, Stable Diffusion의 세계로 떠나봅시다!

책을 읽기 전에 이 부분을 반드시 읽어주세요

이 책을 읽으면서 여러 가지 의문점들이 생길 것입니다. 관련된 여러 가지 의문들에 대한 답을 미리 적어두겠습니다.

Q **이 책의 예제 이미지와 완벽하게 같은 것이 나오지 않습니다.**

A Webui의 버전이 다르거나 파일의 버전이 조금이라도 다르면 같은 이미지가 나오지 않습니다. 하지만 걱정하지 마세요. 굳이 예시 이미지와 같은 것을 만들 필요는 없습니다. 예시 이미지는 기능 설명을 위한 간략한 예시 이미지 그 자체일 뿐입니다.

Q **Chapter 07은 Chapter 01과 매우 긴밀한 관계가 있는 것 같은데 왜 뒤 페이지에 두었나요?**

A 너무 본격적으로 세팅하면 어려움을 느끼고 이탈할 수 있기 때문입니다. AI 이미지를 제작하는 것에 즐거움을 먼저 느끼셨으면 하는 바람에 뒤 파트로 옮겼습니다. 또한 세팅하지 않더라도 이미지를 제작하는데 악영향은 크게 없기 때문입니다. 필자도 Stable Diffusion에 입문하고 한참이 지나서야 세팅하는 법에 대해 알게 되었고, 세팅하지 않아도 큰 어려움을 겪지 않았습니다.

Q **그렇다면 이 책의 읽을 때 어떤 순서로 읽으면 좋을까요?**

A 이 책은 AI를 통해 이미지 생성하는 방법에 대한 것들을 위주로 설명하고 있지만, 이미지 생성 외에도 다소 복잡할 수 있는 지식이 포함되어 있습니다. 이 지식들을 먼저 알고 이미지 제작에 나선다면 보다 도움은 될 수 있지만 재미가 없다고 느껴질 수도 있습니다. 그렇기 때문에 다음과 같이 추천드립니다.

1. 설치부터 이미지 생성까지 차근차근 배워보고 싶다.
   이 책을 처음부터 순서대로 읽으시면 됩니다.
2. 매우 꼼꼼하게 살펴보면서 배우고 싶다. 배우는 과정에서 어렵게 느껴지더라도 이탈하지 않을 자신이 있다.
   Chapter 01을 읽은 다음에 Chapter 07을 읽으시면 됩니다. 이후 Chapter는 차례대로 읽으시면 됩니다.

하지만, 이 책을 따라 하면서 영문 모를 에러가 발생할 수도 있습니다. 각자 사용하는 컴퓨터의 사양이 달라서 생길 수 있는 문제이기도 하고, 프로그램 설치시기에 따라 새로운 문제가 생길 수도 있기 때문이죠. 문제를 도무지 해결할 방법을 못 찾겠을 때 Chapter 07로 넘어가는 것을 추천드립니다.

Q 너무 어렵지 않을까요?

A 절대 어렵지 않습니다. Chapter 07에 대해 너무 무섭게 들릴 수 있지만 사실은 그렇게 어려운 내용들이 아닙니다. 그저 빠르게 이미지 생성을 하고 싶은 분들이 어려우면서 재미가 없다고 느끼실 까봐 뒤로 옮긴 것이지, 차근차근 따라 한다면 여러분들도 Stable Diffusion의 전문가가 될 수 있습니다.

Q 책에 나오는 이미지들은 어디서 다운로드 받나요?

A 기본적으로 링크가 제공되지만, 복잡한 주소나 다운로드가 필요한 이미지들은 하단의 QR코드를 통해 제공하고 있습니다. 특히 Chapter 04와 06에서는 예시 이미지들이 많이 필요하니 한꺼번에 다운받은 뒤 예제를 따라 학습하는 것을 추천드립니다.

※ 이 책에 나오는 모든 이미지는 필자가 직접 만들거나 freepik에서 무료로 배포되는 이미지들을 사용하고 있습니다.

링크 QR코드

이미지 QR코드

목차

CHAPTER 01

Stable Diffusion을 실행하기 전에

CHAPTER 02

txt2img

CHAPTER 03

img2img

CHAPTER
04 컨트롤넷

CHAPTER
05 주요 기능

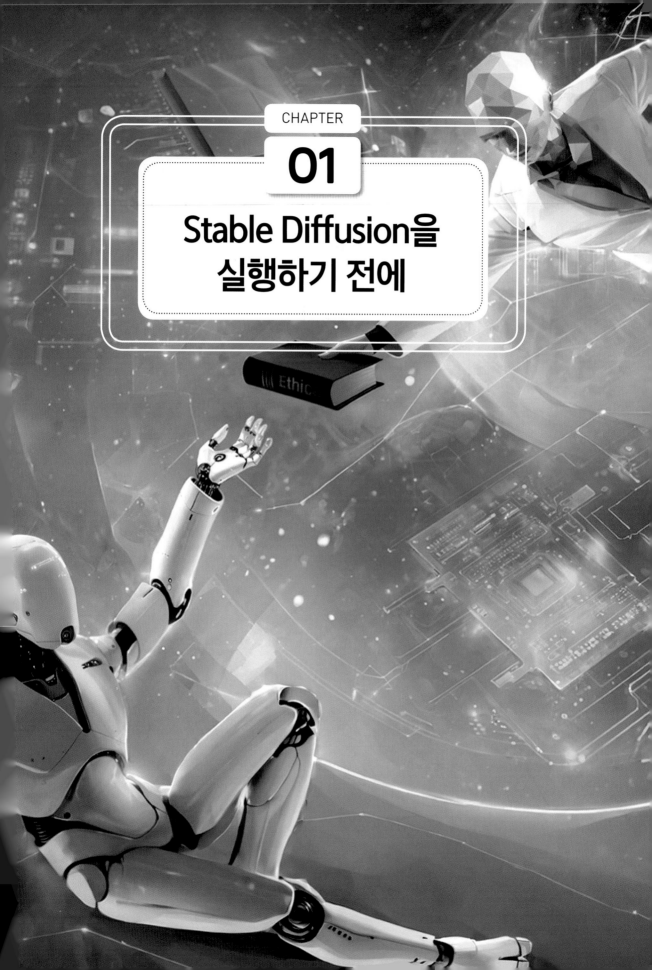

CHAPTER

01

Stable Diffusion을
실행하기 전에

01. 하드웨어 준비

서두에서 서술하였듯이 Stable Diffusion은 로컬 이미지 생성형 AI입니다. 로컬 환경, 즉 당신이 사용하는 컴퓨터가 Stable Diffusion의 성능을 좌우하게 된다는 뜻이지요.

자유롭게 커스터마이징하고 본격적으로 Stable Diffusion을 사용하려면 어쩔 수 없이 고사양의 컴퓨터가 요구됩니다. Stable Diffusion에 가장 큰 영향을 주는 요소는 바로 VRAM입니다. SD 1.5를 원활하게 사용하기 위해서는 VRAM이 최소 8GB인 그래픽카드가 필요하죠. 게이머 독자들이라면 아마 눈치채셨을 것입니다. VRAM 8GB란 일반인 기준에서도 상급의 그래픽 카드입니다. 나아가 SDXL과 같은 최신버전을 원활하게 사용하려면 더 높은 사양의 그래픽카드를 사용해야 합니다. 바로 2024년 기준 최고가의 그래픽카드인 'RTX 4090 24GB'입니다. Stable Diffusion의 가장 큰 진입 장벽은 하드웨어라고 해도 과언이 아닐 정도입니다.

하지만 컴퓨터 사양이 부담된다면 Chapter 07의 lowvram이나 xformers를 사용하여 더 낮은 환경에서도 사용할 수 있습니다. 또한 구글의 코랩(Colab)의 도움을 받거나 Leonardo AI와 같은 Stable Diffusion 기반의 웹서비스를 이용해 이미지를 제작한다면 VRAM 6GB 이하의 환경에서도 제작할 수 있습니다.

가성비 좋은 그래픽카드를 알고 싶다면 VRM이 12GB인 RTX 3060을 추천드립니다. 그러나 책을 통해 생성형 AI에 대한 지식을 습득한다면 장비에 성능에 상관없이 좋은 이미지를 생성할 수 있을 것입니다.

02. 소프트웨어 설치

Stable Diffusion의 설치 방법에는 다양한 종류가 있습니다. 최근에는 쉽게 설치할 수 있도록 도와주는 원클릭 설치 방법도 생겨나고 있습니다. 'Python'이나 'git' 설치 없이 사용 가능한 방법도 생겼다고 하나, 여러 테스트 결과 사용 중 문제가 생기는 경우가 간혹 있었습니다. 그렇기 때문에 본 책에서는 가장 오류가 적은 설치법을 알려드리겠습니다. 최신 정보 사이트나 유튜브를 참고한다면, 보다 쉽게 이해할 수 있습니다. 자주 일어나는 설치 오류도 짚으면서 넘어가겠습니다.

Python 설치

가장 먼저 설치해야 할 것은 바로 Python 3.10.6입니다. 추후에 업데이트가 변경될 수도 있지만, 스테이블 디퓨전은 기본적으로 3.10.6 버전을 기반으로 작동합니다. 다른 버전을 설치할 경우 에러가 날 수도 있습니다. 스크롤을 아래로 내려서 자신의 컴퓨터에 맞게 Windows installer 64-bit 버전이나 32-bit 버전을 다운로드 받으면 됩니다.(대부분의 컴퓨터는 64-bit입니다) 다른 버전이 설치되어 있다면 삭제 후에 3.10.6 버전으로 다시 설치합시다. 설치 도중 'Add Python 3.10 to PATH'라는 항목이 나오면 반드시 체크합시다.

- https://www.python.org/downloads/release/python-3106

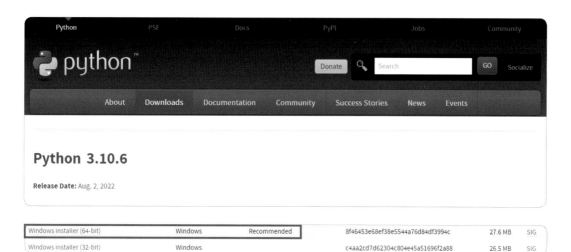

※ **Install launcher for all user, Add Python 3.10 to PATH**를 무조건 체크해야 한다

git 설치

링크에 들어가면 다음과 같은 홈페이지를 볼 수 있습니다. Standalone Installer에서 버전에 맞춰 다운받습니다. 특별한 설정 없이 [Install]만 눌러도 설치가 완료됩니다.

- https://git-scm.com/download/win

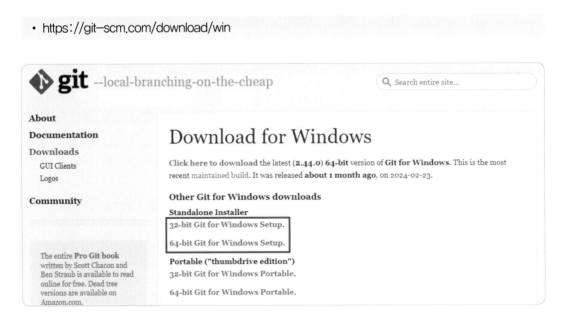

AUTOMATIC111의 Stable Diffusion 설치

다음의 링크를 입력하면 github 사이트로 연결됩니다. 여기서 설치하는 것은 Stable Diffusion을 웹에서 간단하게 이용할 수 있게 만든 WebUI입니다. ComfyUI와 같이 다른 버전도 있지만 'AUTOMATIC1111'라는 유저가 만든 WebUI가 가장 대중적이고 잘 알려져 있습니다.

- https://github.com/AUTOMATIC1111/stable-diffusion-webui

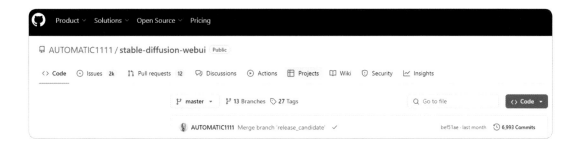

github에는 많은 글이 보일 것인데 'Installation and Running'이라는 글이 보일 때까지 쭈욱 내립니다. 그 후 본인의 GPU에 맞는 것을 선택하여 다운로드하면 됩니다. 이 책에서는 앞에서 서술한 그래픽카드를 기준으로 설명하겠습니다. NVidia라고 적힌 글을 클릭합시다.

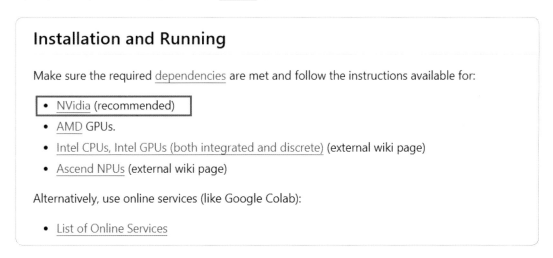

다음과 같은 글들이 보이면 here 버튼을 눌러서 다운로드 페이지로 이동합시다. 그리고 sd.webui.zip 파일을 다운로드합니다.

다운로드 받고 난 후 'sd.webui.zip'을 압축해제 합시다. 이때 압축을 해제하는 곳이 앞으로 Stable Diffusion을 실행하는 곳이 됩니다. 필자의 경우 자주 사용하기 때문에 바탕화면에 압축을 해제하였습니다.

Stable Diffusion 실행

압축을 해제한 후에 폴더를 열면 다음과 같은 파일들을 볼 수 있습니다. 사실상 설치가 거의 끝난 상태입니다. 이제 여기서 [update]라고 적힌 파일을 클릭합시다.

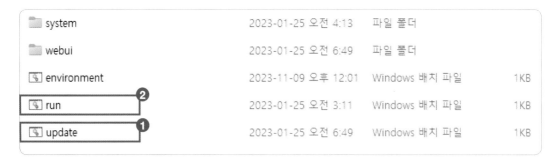

[update] 파일을 실행하면 cmd창이 열리며 자동으로 설치를 진행합니다. '계속하려면 아무 키나 누르십시오…' 라는 표시가 뜨면 완료입니다. 다시 폴더로 돌아와 [run]이라고 적힌 파일을 실행합시다.

[run] 파일을 실행하면 다음과 같이 WebUI를 본격적으로 설치하게 됩니다. 수많은 파일이 자동으로 받아지니 드라이브의 공간을 미리 확보합시다. 해당 로딩이 끝나게 된다면 설치가 완료되고 자동으로 WebUI가 실행됩니다.

2.5GB의 여유 공간이 필요하다

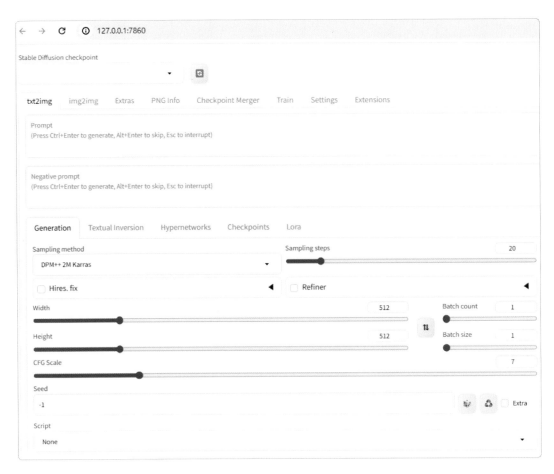

다운로드가 완료되고 자동으로 열린 UI의 모습

웹에서 해당 이미지를 확인할 수가 있다면 설치가 성공적으로 끝난 것입니다.

Stable Diffusion을 익히는 과정 중 가장 먼저 만나는 진입장벽이 바로 설치입니다. Python, Github 등 프로그래밍 관련 용어가 보여서 혼란스러웠던 분들도 계셨겠지만 여기까지 오셨군요. 시작이 반이라는 말이 있습니다. 설치를 완료하고 Stable Diffusion의 세계에 첫발을 내디딘 것에 진심으로 환영합니다!

03. 실행파일 webui.bat

앞으로 WebUI로 Stable Diffusion을 실행하려면 특정 batch 파일을 실행시켜야 합니다. 어떻게 해야 WebUI 실행이 가능한지, 각 폴더에 있는 것들은 어떤 용도인지 설명하겠습니다. 먼저 [run], [update]를 실행시켰던 폴더에서 [webui] 폴더를 찾아 열어봅시다. 앞으로 많이 찾게 될 이 폴더를 [메인 폴더]라고 부르겠습니다.

system	2024-04-02 오후 11:43	파일 폴더	
webui	2024-04-02 오후 11:44	파일 폴더	
environment	2023-11-09 오후 12:01	Windows 배치 파일	1KB
run	2023-01-25 오전 3:11	Windows 배치 파일	1KB
update	2023-01-25 오전 6:49	Windows 배치 파일	1KB

config_states	2024-04-02 오후 11:44	파일 폴더	
configs	2024-04-02 오후 11:34	파일 폴더	
embeddings	2023-01-25 오전 4:14	파일 폴더	
extensions	2023-01-25 오전 4:14	파일 폴더	
extensions-builtin	2024-04-02 오후 11:34	파일 폴더	
html	2024-04-02 오후 11:34	파일 폴더	
javascript	2024-04-02 오후 11:34	파일 폴더	
localizations	2023-01-25 오전 4:14	파일 폴더	
models	2024-04-02 오후 11:43	파일 폴더	
modules	2024-04-02 오후 11:38	파일 폴더	
repositories	2024-04-02 오후 11:41	파일 폴더	
scripts	2024-04-02 오후 11:44	파일 폴더	
test	2024-04-02 오후 11:34	파일 폴더	
textual_inversion_templates	2023-01-25 오전 4:14	파일 폴더	
tmp	2024-04-02 오후 11:38	파일 폴더	
.eslintignore	2024-04-02 오후 11:34	ESLINTIGNORE 파...	1KB
.eslintrc.js	2024-04-02 오후 11:34	JSFile	4KB
.git-blame-ignore-revs	2024-04-02 오후 11:34	GIT-BLAME-IGNO...	1KB
.gitignore	2024-04-02 오후 11:34	txtfile	1KB
.pylintrc	2023-01-25 오전 4:14	PYLINTRC 파일	1KB
cache	2024-04-02 오후 11:44	JSON File	1KB

메인 폴더가 될 webui 폴더의 내부 모습

수많은 파일이 있다고 겁먹을 것 없습니다. 쓰던 것만 쓰게 될 것이고 사용하다 보면 쉽게 익숙해지기 때문이죠!

우선 [batch(확장자)] 파일을 통해 다시 한번 WebUI를 실행시켜 보겠습니다. [webui], [webui-user] 두 파일 중 어떤 것을 실행해도 똑같습니다. 열려있는 CMD 창이 있다면 닫은 후에 batch 파일을 클릭합니다.

만약 다운로드 진행이 되는 것이 있다면 잠시 기다려줍시다. 다운로드가 끝났다면 앞으로는 다운로드 없이 자동으로 실행될 것입니다.

webui	2024-04-02 오후 11:34	Windows 배치 파일	3KB
webui	2024-04-02 오후 11:34	Python File	6KB
webui	2024-04-02 오후 11:34	Shell Script	10KB
webui-macos-env	2024-04-02 오후 11:34	Shell Script	1KB
webui-user	2023-01-25 오전 4:14	Windows 배치 파일	1KB
webui-user	2024-04-02 오후 11:34	Shell Script	2KB

확장자가 'Windows 배치 파일'인 파일을 클릭한다

드디어! 힘들던 설치가 끝났고 메인 폴더 접근 방법도 배웠습니다. 직접 해보니 쉽다고 느끼신 분들도 있을 것이고, 어렵다고 느끼시는 분들도 있을 것입니다.

가장 지루한 설치가 마무리되었으니 Stable Diffusion의 세계에서 마음껏 뜻을 펼칠 수 있습니다. 그전에 알아두면 좋은 내용들도 있지만, 딱딱한 개념은 뒤로 미루고 이미지를 직접 만들며 차근차근 살펴봅시다.

오류 수정하기

책을 따라 Stable Diffusion을 설치했음에도 이미지를 제작할 때 오류가 생길 수 있습니다. 이럴 땐 오류를 확인하기 위해서 cmd창의 RuntimeError로 시작하는 메시지를 확인해야 합니다.

```
HEAD is now at bef51aed Merge branch 'release_candidate'
        webui-user.bat
venv "F:\stable-diffusion-webui\venv\Scripts\Python.exe"
Python 3.10.6 (tags/v3.10.6:9c7b4bd, Aug  1 2022, 21:53:49) [MSC v.1932 64 bit (AMD64)]
Version: v1.8.0
Commit hash: bef51aed032c0aaa5cfd80445bc4cf0d85b408b5
Traceback (most recent call last):
  File "F:\stable-diffusion-webui\launch.py", line 48, in <module>
    main()
  File "F:\stable-diffusion-webui\launch.py", line 39, in main
    prepare_environment()
  File "F:\stable-diffusion-webui\modules\launch_utils.py", line 386, in prepare_environment
    raise RuntimeError(
RuntimeError: Torch is not able to use GPU; add --skip-torch-cuda-test to COMMANDLINE_ARGS variable to disable this chec
k
Press any key to continue . . .
```

오류가 생기면 cmd창의 Error문장을 확인한다

오류는 경우에 따라 다양하게 생기지만 가장 빈번하게 나타나는 [RuntimeError: Torch is not able to use GPU; add --skip-torch-cuda-test to COMMANDLINE_ARGS variable to disable this check] 오류를 고치는 법에 대해 알아보겠습니다.

webui-user파일을 [마우스 우측 클릭 - 메모장에서 편집] 버튼을 누른 뒤

'set COMMANDLINE_ARGS='

⬇

'set COMMANDLINE_ARGS=--skip-torch-cuda-test --precision full --no-half'

으로 문장을 바꿔서 'webui-user' 파일을 수정하면 끝입니다.

이 외에도 책의 마지막에 여러 오류를 수정하는 파트를 담았으니, 필요에 따라 참고합시다.

04. 간단한 이미지 만들기

프롬프트를 이용하여 강아지 만들기

컴퓨터에 익숙하지 않은 분들은 Stable Diffusion의 광활한 화면을 보면 이미 머리가 아파지실 겁니다. 수많은 영어와 각종 옵션값. 하지만 하나씩 알고 보면 별것 아닌 것들이니 걱정하실 필요 없습니다.

WebUI를 가동했을 때 처음 보게 되는 화면

이미지를 만들려면 'Prompt(프롬프트, 명령어)'가 필요합니다. 그리고 싶은 것을 입력한다면 AI가 그 명령을 인식해서 그려줄 것입니다.

서론에서 말했듯이 많이 적는다고 모든 것을 인식하는 것은 아니기에 하나씩 입력해 봅시다. 저는 강아지 얼굴이 가까운 이미지를 보고 싶으니 **dog close up**을 입력하겠습니다. 다른 것을 건드리면 차후에 헷갈릴 수 있으니, 프롬프트만 입력한 뒤 [Generate] 버튼을 눌러봅시다.

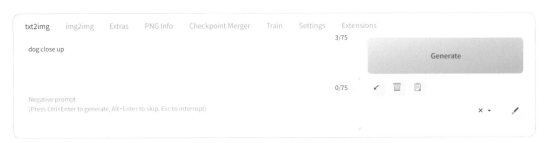

Prompt에 원하는 이미지를 입력한 뒤 Generate 버튼을 눌러 이미지 생성

이렇게 이미지 한 개를 생성할 수 있습니다. 생각보다 쉽지요? 이미지가 완성된 후에는 입력한 프롬 프트인 dog close up뿐만 다양한 정보들을 확인할 수 있습니다.

생성된 결과물

WebUI는 이미지가 생성될 때 어떤 옵션이 사용되었는지 이미지마다 정확하게 기록합니다. 하지 만 txt2img로 생성한 이미지를 그림판으로 아주 약간이라도 수정한다면 정보를 확인할 수 없게 됩니다.

그렇기 때문에 방금 제작한 강아지 이미지를 저장한 후, 프롬프트인 dog close up 이외의 정보들 이 각각 어떤 의미를 가졌는지는 함께 살펴보겠습니다. 처음에는 헷갈릴 수도 있지만 하나씩 살 펴보면 그리 어려운 것들이 아닙니다.

WebUI를 처음 시작하게 되면 [txt2img] 설정창이 활성화됩니다. txt2img, img2img, extras, PNG, info 등 다양한 탭이 있지만 [txt2img]를 먼저 살펴봅시다.

Q txt2img가 무슨 뜻인가요?

A 말 그대로 당신이 적은 글(text)을 이미지(image)로 바꿔주는 기능입니다. 처음에 이미지를 생성 할 때 기본 크기가 '가로(Width) 512 pixel', '세로(Height) 512 pixel' 사이즈로 설정된 것을 다음 이 미지처럼 확인할 수 있을 것입니다.

txt2img 설정창 ①: Width와 Height

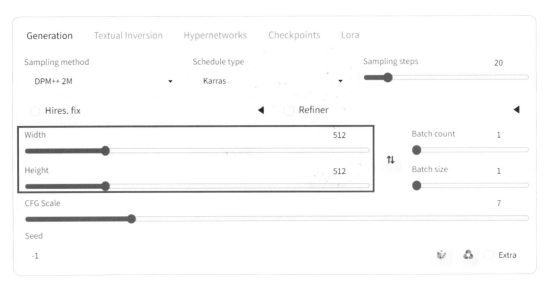

사진의 너비(Width)와 높이(Height)를 설정하는 옵션입니다.

왜 하필 'Width 512', 'Height 512' 사이즈일까요? Stable Diffusion은 학습한 이미지들을 토대로 새로운 이미지를 생성하는 AI입니다. 너무 큰 이미지들을 한꺼번에 가르친다면 AI가 효율적으로 배울 수가 없으니 512*512 사이즈로 통일하여 이미지를 학습시킨 것이 바로 SD 1.5[Stable Diffusion 1.5] 버전입니다. 여러분이 최초로 가지고 있는 Checkpoint의 버전이 바로 이 버전일 것입니다.

갑작스럽게 Checkpoint라는 말이 등장했는데 지금은 그냥 넘어가도 좋습니다. **결론은 SD1.5가 생성할 수 있는 최소 사이즈가 512*512 사이즈고 이 보다 작은 사이즈의 이미지는 제대로 만들지 못한다는 것입니다.**

SD1.5 버전의 상위버전인 SDXL[Stable Diffusion XL]은 보다 고해상도의 이미지로 학습하였습니다. 1024*1024 사이즈의 이미지를 학습하였고, 1024*1024 사이즈의 이미지를 생성하는 데 최적화되었지요. 상위버전인 SDXL와 Checkpoint에 대한 자세한 설명은 지금 당장 필요하지 않으니 넘어가도록 합시다.

이미지 사이즈는 퀄리티에 영향을 줍니다. 512*512 사이즈와 1024*1024 사이즈의 이미지를 만든다면, 같은 프롬프트를 입력하더라도 이미지를 표현할 수 있는 공간이 4배 차이 납니다. 아무리 고화질의 이미지를 만들고 싶어도 제작할 수 있는 공간이 매우 작다면, AI가 활용할 수 있는 그릴 수 있는 픽셀의 수가 제한적이기 때문에 표현 또한 제한적으로 변합니다. 그렇기 때문에 고화질의 이미지를 만들 때 최소 1024*1024픽셀 사이즈 이상으로 설정하는 것을 권장합니다.

그렇다고 해서 이미지 사이즈를 한쪽으로 너무 크게 만든다면 어떻게 될까요? 1536*512 사이즈로 만든다면 강아지가 멋지게 가로로 있는 모습이 나올까요? Width 값만을 1536으로 바꾸어 이미지를 생성해 봅시다.

프롬프트는 그대로이지만 흉측하게 생성된 강아지 이미지

아마 이와 비슷한 결과물을 얻으셨을 것이라 봅니다. Stable Diffusion은 아까 말했듯이 512*512 사이즈의 이미지, 1024*1024 사이즈의 이미지 등을 학습하였습니다. 이보다 광대하게 큰 사이즈의 이미지는 억지로 채우려는 특성이 드러나죠.

따라서 SD1.5로 처음 Stable Diffusion을 시작하시는 분들이라면 가로나 세로의 길이를 고려할 때 가장 많이 쓰이는 512(1배수), 768(1.5배수), 1024(2배수)중 하나로 설정하는 것이 이상적입니다

txt2img 설정창 ②: Sampling Steps

'Sampling Steps'은 완성본이 만들어질 때까지 이미지를 정제하는 횟수입니다.

이 수치가 높을수록 이미지의 퀄리티가 올라간다고 생각할 수 있습니다. 하지만 높다고 꼭 좋은 것은 아닙니다. 수치가 높을수록 제작 시간이 길어질 뿐 아니라 이미지가 깨지기도 합니다.

복잡한 이론 설명을 간단하게 결론만 이야기하자면 Sampling Steps이 20만 되어도 고퀄리티 이미지를 만드는 데 충분합니다. 그래서 보통 20 ~ 40 사이의 수치로 두고 이미지를 제작합니다.

txt2img 설정창 ③: Sampling methods

'Sampling method'와 'Schedule type'은 노이즈를 어떤 식으로 제거할지 방법을 정하는 것입니다. 기본 설정은 DPM++ 2M 와 Automatic으로 설정되어 있을 것입니다. Stable Diffusion은 이미지에서 노이즈를 제거하며 결과물을 만듭니다.

어려운 설명을 하기 전에, 이 부분은 기본 설정인 Sampling method [DPM++ 2M]와 Schedule type [Karras]만으로도 훌륭한 이미지를 만들 수 있으니 크게 건드릴 필요가 없습니다.

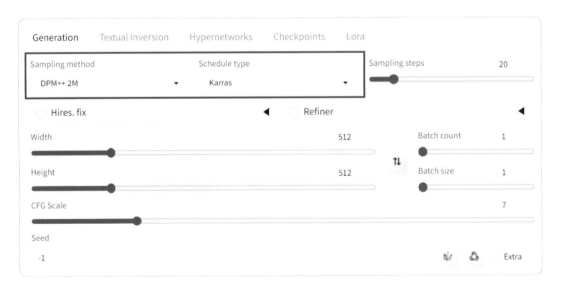

txt2img 설정창 ④: Batch Count와 Batch Size

'Batch Count'와 'Batch Size'는 동시에 여러 이미지를 만들어주는 수치입니다.

Batch Count를 3으로 하거나 Batch Size를 3으로 한 뒤 이미지를 생성할 경우(다른 하나는 1로 설정) Stable Diffusion은 당신에게 동시에 3장의 이미지를 줄 것입니다. 똑같은 기능 같아 보이지만 차이는 명백히 다릅니다.

Batch Count의 경우 AI에게 작업을 몇 번 시킬지 설정하는 파라미터입니다. AI 요리사에게 요리를 세 번 해달라고 하면 각각 다른 요리를 세 번 수행하겠지요. 반면 Batch Size는 AI에게 동시에 생성할 이미지의 개수입니다. AI 요리사에게 프라이팬 3개를 주면 동시에 3개의 요리를 하겠지만 그만큼 많은 자원을 요구하고 퀄리티도 떨어지겠죠. 그렇기 때문에 고퀄리티의 시안이 여러 개 필요하다면 Batch Count의 수치를 조정하는 것이 좋습니다.

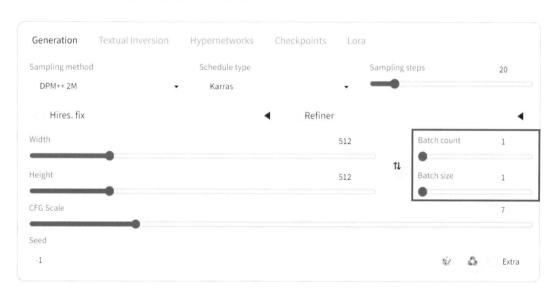

 만약에 Batch Count와 Batch Size를 둘 다 3으로 설정한다면 어떻게 될까요?

프라이팬 3개를 가지고 있는 AI 요리사에게 요리를 3번 하라고 하였으니 3*3=9개의 이미지를 생성할 것입니다. 필자의 경우 고퀄리티의 이미지를 리터치하고 여러 개의 시안(Batch Count)만이 필요하다 보니 Batch Size는 단 한번도 건드려본 적이 없습니다. 하지만 아주 먼 미래에는 필요하게 될 수도 있으니 부가 사항으로 기록해 둡니다.

txt2img 설정창 ⑤: CFG Scale

'CFG Scale' 수치란 AI가 당신의 명령을 얼마나 잘 듣게 할 것인지 조정하는 설정값입니다.

이전에 `dog close up`이라는 이미지를 만들어달라고 프롬프트를 작성하여 명령을 내렸지요. CFG Scale이 높을수록 AI는 최대한 프롬프트를 반영하여 이미지를 제작할 것입니다. 반면 수치가 낮다면 프롬프트를 참고는 하되 자유롭게 그릴 것입니다.

이런 글을 보았을 때 굉장히 중요한 수치 같지만 그렇지 않습니다. 'CFG Scale'이 높으면 이미지가 깨지는 것을 감수하고 프롬프트를 최대한 따르려 하기 때문입니다. 그렇다고 너무 낮으면 명령을 듣지 않으니 원하는 이미지가 나오지 않아서 문제입니다. 그렇기 때문에 크게 다른 설정을 할 필요 없이 5~9 사이의 수치를 설정하고 이미지를 제작하면 됩니다. 필자의 경우 CFG Scale의 기본값인 7에서 벗어난 적이 없었습니다.

txt2img 설정창 ⑥: Seed

'Seed'란 이미지에 새겨진 고유번호라고 생각하면 이해하기 좋습니다.

일반적으로 똑같은 프롬프트를 입력하더라도 이미지의 결과는 랜덤으로 생성됩니다. 하지만 Seed 값을 설정한다면 이미지 결과물을 동일하게 만들 수 있습니다. 기본 설정인 '-1'은 특정 Seed 값을 사용하지 않고 무작위의 값을 사용한다는 뜻입니다.

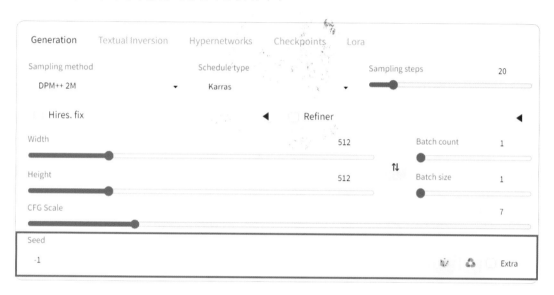

무슨 뜻인지 조금 난해하지요? 이전에 만든 강아지의 이미지는 **dog close up** 프롬프트가 사용되었습니다. 그리고 필자가 만든 이미지의 경우 Seed 값이 '54900232'로 설정되어 있습니다. 만약 제가 만든 이미지와 똑같은 프롬프트를 사용하면서 '54900232'를 입력한다면 정확히 같은 강아지의 이미지가 나타날 것입니다.

그렇다면 이전에 만든 이미지의 Seed나 사용된 프롬프트는 어떻게 확인할 수 있을까요? 위에서 서술하였듯이 이미지를 처음 생성했을 때 밑의 상태창에 정보가 적혀있는 것을 확인할 수 있습니다. 이미지를 생성하고 난 직후가 아니라 언제나 확인할 수 있는 법도 있습니다.

이미지 정보 : PNG Info

상단에서 여러 가지 탭을 확인할 수 있습니다. 이 중에서 PNG Info를 클릭하여 봅시다. 그 후 Source에 원하는 이미지를 업로드하면 생성된 이미지가 어떤 정보를 가졌는지 보여줍니다.

PNG Info 탭에 이미지를 업로드한 모습

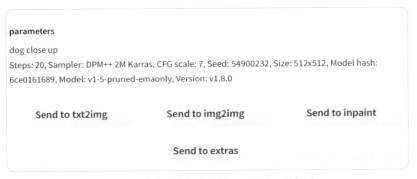

PNG Info 탭에 강아지 이미지를 업로드하고 얻은 값

정확하게 어떤 프롬프트를 입력하였는지, 'Steps'의 값과 어떤 'Sampler'를 사용하였는지, 그리고 'Seed' 값 또한 확인할 수 있습니다. 거기다 어떤 'Checkpoint(Model: v1-5-pruned-emaonly)'를 사용해서 이미지를 생성하였는지도 확인할 수 있죠. 이전부터 언급되었던 Checkpoint는 AI 이미지에서 가장 중요한 역할을 하고 있습니다. 그렇기에 다음 파트에서 Checkpoint가 어떤 역할을 하는지, 그리고 어떻게 설치하는 것인지 설명하도록 하겠습니다.

05. Checkpoint란?

체크포인트의 이해

'Checkpoint(체크포인트)'는 여러분이 이용하는 Stable Diffusion의 핵심이자 이미지 퀄리티를 결정하는 핵심 파일 그 자체라고도 할 수 있습니다. **여러분들이 AI에게 프롬프트라는 명령을 내리는 지시자라면, 체크포인트는 붓을 들고 그림을 그리는 화가의 역할을 합니다.**

화가에 따라 그림체가 다르듯이 체크포인트가 무엇이냐에 따라 그림체 또한 달라집니다. 어떤 체크포인트는 2D 그림에 특화되어 있거나, 어떤 체크포인트는 실사 그림에 특화되어 있기도 하죠. 또한 체크포인트를 학습할 때 어떤 이미지를 사용했느냐에 따라 그림체가 크게 달라지기도 합니다. 그렇기 때문에 같은 실사 체크포인트여도 이미지의 퀄리티나 느낌이 많이 다르기도 합니다. 프롬프트를 똑같이 Asian girl을 입력하더라도, 아시아권에서 학습한 체크포인트가 생성한 동양인 여성 이미지와 서구권이 생성한 동양인 여성 이미지의 느낌이 엄청나게 다릅니다. 여러분들이 결과물의 퀄리티를 올리려 한다면, 자신이 원하는 이미지에 맞는 체크포인트를 찾는 것이 가장 중요합니다.

똑같은 프롬프트여도 체크포인트에 따라 다른 이미지가 나온다

Stable Diffusion checkpoint

v1-5-pruned-emaonly.safetensors [6ce0161689] ▾

좌측 상단에서 어떤 체크포인트를 사용하고 있는지 확인할 수 있다.

체크포인트 설치

기본적으로 사용하게 되는 체크포인트는 바로 SD1.5 버전의 'v1-5-pruned-emaonly.safeten-sors'라는 이름의 체크포인트입니다. 이대로 이미지를 생성해도 되지만, 기초가 되는 체크포인트이니 심심하다고 느끼시는 분들이 많으실 것입니다. 그렇기 때문에 본격적인 이미지 제작 전에 새로운 체크포인트를 다운로드하고 폴더에 추가하겠습니다.

체크포인트를 다운로드 받을 수 있을 뿐만 아니라 각종 Stable Diffusion 파일들을 활발하게 공유하는 곳이 여럿 있습니다. 그중에서도 전 세계에서 가장 활발하게 공유되는 사이트가 있으니, 바로 'CIVITAI' 입니다. 링크를 통하여 접속해 봅시다.

- https://civitai.com/

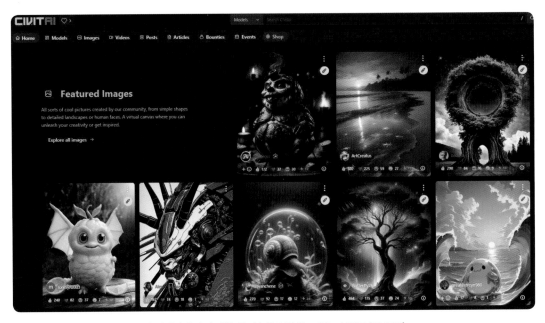

전 세계에서 가장 많은 유저수를 보유하고 있는 사이트 'CIVITAI'

섬네일에서 볼 수 있듯 각종 그림체뿐만 아니라 특정 캐릭터를 구현한 이미지 또한 볼 수 있습니다. 이 재미난 것들을 다루기 위하여 천천히 다가가 봅시다. 우선 좌측 상단에서 [Model]이라고 적혀 있는 탭을 클릭합시다. 이 탭에서는 Stable Diffusion에서 사용할 수 있는 다양한 체크포인트 파일뿐만 아니라 각종 [LoRA] 파일들 또한 다운로드 할 수 있습니다. LoRA 또한 그림에 영향을 주는 파일 중 하나인데 이것은 후술하도록 하겠습니다.

우리는 체크포인트를 다운로드하는 것이 목표이니, 체크포인트만 걸러내겠습니다. [Filters] 버튼을 찾아 클릭합시다. [Filters]에서 [Checkpoint - ALL - SD 1.5] 항목만 체크합니다.

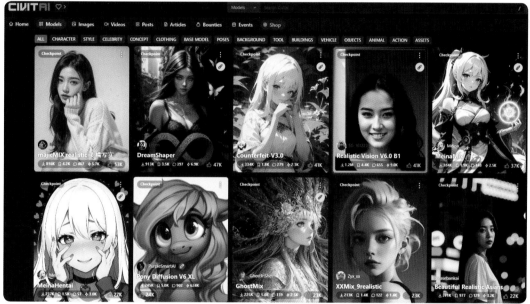

수많은 체크포인트 중에서 원하는 걸 고르면 된다

이제 입맛에 맞는 SD1.5 버전의 체크포인트들을 사용하시면 됩니다. SDXL유저라면 SDXL항목을 클릭하여 상위버전의 체크포인트를 이용하는 것도 가능합니다.

체크포인트가 너무 많아서 고민이 되고 어떤 것을 사용하는 게 좋을지 모른다면 체크포인트를 하나 추천하도록 하겠습니다. 실사 이미지에 특화된 'Juggernaut'이라는 이름의 체크포인트입니다. SD1.5 버전, SDXL 버전 모두 있으니 컴퓨터 사양에 맞게 골라서 다운로드합시다. 다양한 버전들이 있는데 가장 최신 버전을 찾아 다운로드합니다.

눈치 빠르신 분들은 특이한 점을 확인하셨을 겁니다. 'BakedVAE'라는 버전의 유무입니다. 이는 Juggernaut뿐만 아니라 몇몇 체크포인트들도 이러한 형태를 하고 있습니다.

이것은 후술할 파트인 VAE파트에서 설명하도록 하고 원하는 체크포인트를 다운로드 받아봅시다. 체크포인트 파일 다운로드가 완료되었다면 이제 적절한 폴더에 넣을 차례입니다. '메인 폴더[sd.webui - webui]'로 돌아가 봅시다.

※ 특정 체크포인트나 학습 파일들 같은 경우에 상업적 이용을 제한하는 경우가 있습니다. 이러한 파일들에는 'No commercial use'와 같은 말들이 명시되어 있으니 유의합시다.

체크포인트 설정

메인 폴더에서 우리가 찾아야 할 폴더는 [models] 폴더입니다. 앞으로 여러분만의 Stable Diffusion 커스터마이징을 하게 될 때 자주 사용하게 될 폴더이니 기억해 두도록 합시다.

[models] 폴더를 열고 [Stable-diffusion] 폴더를 열어줍시다. 이제 다운로드 받은 파일을 [Stable-diffusion] 폴더 안으로 옮기기만 하면 끝입니다! 새로운 체크포인트 설치가 완료되었습니다.

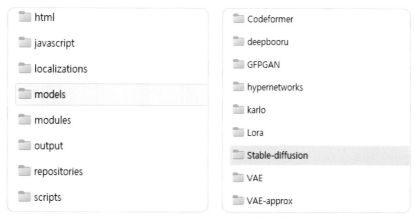

[webui 〉 Models 〉 Stable-diffusion] 순서대로 연다

적용법 또한 간단합니다. 체크포인트 설정값 옆에 있는 새로고침 버튼을 누르면 됩니다. 폴더 내부에 옮겨진 새로운 파일이 실시간으로 반영되어 새롭게 추가한 체크포인트를 선택할 수 있습니다. 이는 체크포인트뿐 아니라 다른 파일들도 마찬가지니 참고합시다. WebUI 실행창을 껐다가 새롭게 시작하더라도 파일이 적용됩니다.

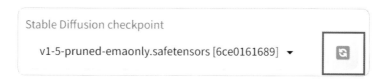

원하시는 체크포인트를 다운로드 받으셨나요? Stable Diffusion은 체크포인트를 바꾸는 것만으로도 더욱 다채로운 이미지 생성 경험이 가능합니다.

그리고 우리는 여기서 한 발짝 더 나아가겠습니다. 체크포인트를 더욱 효과적으로 사용하기 위해서 보조해 주는 역할이 하나 더 있습니다. 앞서 말한 VAE라고 불리는 파일들입니다.

06. VAE란?

VAE의 이해

'VAE'는 최종 이미지에 영향을 주는 신경망 모델 중 하나입니다. 마치 인스타그램의 필터처럼 없다고 이미지 생성을 할 수 없는 건 아니지만, 보다 세부적이며 다양한 색감을 생성하도록 도와주는 요소입니다. 'VAE' 파일 적용과 'BakedVAE'라고 적힌 파일들의 정체를 알기 위하여 사용해 봅시다.

이 책에서는 주로 실사 이미지를 다루게 될 예정입니다. 그렇기 때문에 실사 이미지에 자주 사용되는 VAE 파일인 'vae-ft-mse-840000-ema-pruned.ckpt' 을 다운로드 받아봅시다.

- https://civitai.com/models/276082?modelVersionId=311162

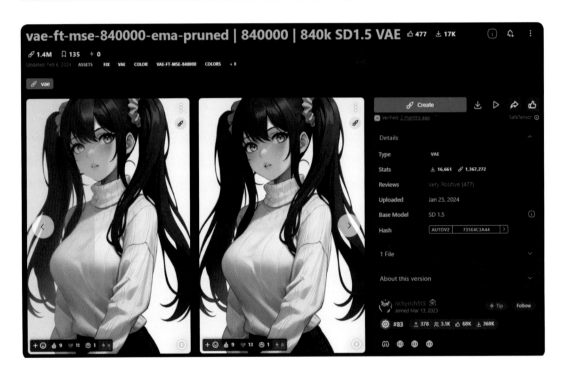

Settings를 통해 UI 바꾸기

다운받았으면 체크포인트 설치와 마찬가지로 [메인폴더(sd.webui - webui)]에서 [models] 폴더를 열어봅시다. VAE를 설치하는 것이니 [VAE] 폴더를 열고 파일을 옮깁시다. 이것만으로도 설정은 완료되었지만, 한가지 빠진 것이 있습니다. 체크포인트와 다르게 VAE는 설정하는 탭이 보이지 않을 것입니다. 함께 옵션창에 들어가서 설정하는 창을 추가해 봅시다.

우선 [Settings]라고 적힌 탭을 찾아 클릭합니다.

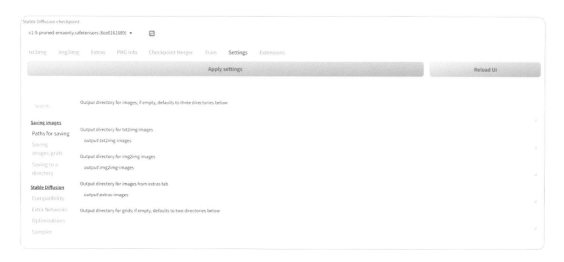

굉장히 많은 양의 설정값을 볼 수 있습니다. 하지만 외울 필요도 없고 똑같이 따라 하기만 되니 걱정할 필요 없습니다. 좌측 카테고리에서 [User Interface]를 찾아서 클릭합시다.

정확히는 [User Interface] 카테고리 안에 있는 [User Interface]를 클릭하여야 한다.

[User Interface] 탭을 클릭하고 난 후에 여러 가지 설정값이 보일 것입니다. 그중에서도 'Quick-settings list'라고 적힌 옵션창이 있습니다. 기본 옵션으로 'sd_model_checkpoint'가 적혀있는 것을 확인할 수 있습니다. 이는 체크포인트를 간단하게 설정하는 창을 생성한다는 뜻입니다. 즉, 앞에서 설명했었던 좌측 상단의 체크포인트 설정창 바로 이 옵션입니다.

우리는 VAE를 설정하는 창을 만들고자 하니 'sd_vae'라고 입력합시다. sd_model_checkpoint 옆 [붉은색 네모표시]에 입력하면 됩니다. 입력한 뒤 [Apply settings]를 누르면 반영 완료!

변경된 UI를 반영하기 위해 WebUI를 처음부터 다시 실행해도 좋지만, Apply settings 옆에 있는 Reload UI를 눌러 간단하게 새로고침해봅시다.

좌측 상단 체크포인트 설정창 옆에 VAE 설정창이 생겨난 모습.

WebUI의 특징은 사용자의 편의성에 맞춰 수정 가능한 것입니다. VAE 설정창이 생겼으니 원하는 VAE를 마음대로 고를 수 있습니다. 'None'은 말 그대로 VAE를 사용하지 않는다는 뜻이고, 'Automatic'은 자동으로 VAE를 설정한다는 뜻입니다. 물론 사용자가 판단하여 적절한 VAE를 설정하는 것이 제일 바람직할 것입니다.

'BakedVAE'가 포함된 체크포인트의 정체가 여기서 드러납니다. BakedVAE란, 체크포인트와 VAE가 하나로 결합하여 나온 형태의 파일이란 뜻입니다. VAE 없이도 이미지가 알아서 보정된다는 뜻입니다. **BakedVAE 버전의 체크포인트를 사용할 때 주의해야 할 점은 다른 VAE를 사용하지 않고 None 상태로 사용해야 한다는 점입니다.** 그렇지 않으면 이미지가 깨져서 나오니 꼭 기억해 두도록 합시다.

체크포인트에 VAE가 포함되어 있는지 알기 애매한 경우가 있는데 제작자가 사이트에 적어둔 경우가 많으니 참고하도록 합시다. 이제 체크포인트의 설정과 VAE의 설정이 끝났습니다.

다음 파트에는 아주 사소한 팁이 적혀있습니다. 당장 읽지 않으셔도 좋습니다. 하지만 나중에 알면 후회할 만한 팁과 버전에 대한 설명이 적혀있으니 읽는 것을 추천드립니다. 인내심 있는 독자분들은 함께 'Output 폴더' 파트로, 자신만의 상상력을 펼치고 싶은 독자분들은 Chapter 02로 이동합시다!

07. output 폴더

Checkpoint를 설치할 때 [models] 폴더 안의 다른 폴더들도 보셨을 것입니다. 알고 보면 그렇게 어려운 것들이 아닙니다. [VAE] 파일은 [VAE] 폴더로, 뒤에서 후술할 [LoRA] 파일은 [LoRA] 폴더로, [Checkpoint] 파일만 [stable-diffusions] 폴더로 옮기면 끝입니다. 나중에 추가로 설치하게 될 [extensions]나 [controlnet]도 마찬가지입니다.

그렇다면 우리가 기억해야 할 폴더는 무엇일까요? 바로 [output] 폴더입니다. 이미지를 정신없이 만드느라 저장도 하지 않고 그냥 넘겨버리는 경우가 종종 있을 것입니다. 그럴 때마다 후회하는 분들도 있겠지요. 하지만 걱정하지 않으셔도 됩니다. WebUI에서 생성한 이미지는 [output] 폴더에 자동으로 저장되니 말이죠.

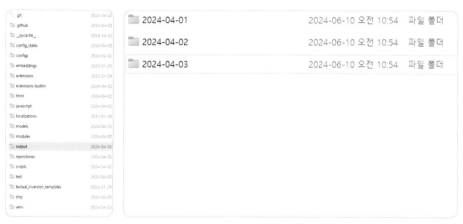

메인 폴더 안에서 찾을 수 있는 [output] 폴더

여러분이 생성한 모든 이미지는 이 [output] 폴더에 자동으로 저장되기 때문에 너무 걱정하지 않으셔도 됩니다. 사용하지 않는 이미지들이 쌓여서 용량을 차지하는 경우도 있으니, 주기적으로 지우도록 합시다. 이제 마지막으로 스테이블 디퓨전의 여러 가지 버전에 대해 간략하게 알아봅시다.

08. SD 1.5 / SDXL / 그리고 미래의 버전

Stable Diffusion의 다양한 버전에 대해 이야기하기전에 cmd창을 확인해 보도록 합시다. cmd 창에서는 현재 작동 중인 WebUI가 몇 버전인지 확인할 수 있습니다. 이는 WebUI를 실행시킨 뒤 하단부에서도 확인할 수 있습니다.

```
C:\WINDOWS\system32\cmr    ×    +    ∨
Python 3.10.6 (tags/v3.10.6:9c7b4bd, Aug  1 2022, 21:53:49) [MSC v.1932 64 bit (AMD64)]
Version: v1.8.0
Commit hash: bef51aed032c0aaa5cfd80445bc4cf0d85b408b5
Launching Web UI with arguments: --skip-torch-cuda-test --precision full --no-half
```

이 책을 쓴 시간을 기준으로 WebUI는 1.8.0 버전이 사용되었다.

앞에서 서술하였듯이 SD 1.5과 SDXL 버전이 가장 많이 사용되고 있습니다. 그리고 상위버전의 Stable Diffusion을 사용하려면 최신버전의 WebUI가 설치되어 있어야 합니다. 책을 읽을 시점의 독자 여러분들의 버전이 1.8.0보다 높더라도 SD 1.5나 SDXL을 사용하는 데 문제없을 것입니다. 그러나 만약 'Stable Diffusion 3', 혹은 다른 상위버전을 사용해야 하는 경우에는 WebUI를 최신버전으로 업데이트하지 않으면 최신 Stable Diffusion을 활용할 수 없으니 꼭 기억해 두셔야 합니다. 그렇다면 WebUI는 어떻게 업데이트 하냐고요? 당장은 익힐 필요가 없으니, 책의 제일 뒤에 적어두었습니다. 나중에 업데이트할 일이 생긴다면 꼭 따라해 봅시다.

SD 1.5, SDXL, 아직은 불완전한 SD3 그리고 앞으로 나올 상위 버전들에는 수많은 차이가 있을 것입니다. 당장 SD 1.5와 SDXL을 원활하게 사용하기 위해 필요한 장비들의 가격만 해도 수 배는 차이가 납니다. 당연히 상위버전이 생성한 이미지의 퀄리티가 높을 것입니다. 퀄리티만 차이가 나는 것이 아닙니다. 구현할 수 있는 범위도 달라집니다. SD 1.5에 역동적인 구도의 이미지를 생성하게 시킨다면 깨져서 나오는 경우도 종종 있을 것입니다. 혹은 사람의 얼굴이 반 정도 가려진 이미지를 생성한다면 SD1.5는 이를 인식하지 못하는 경우도 생길 것입니다. 그렇기 때문에 SD 1.5가 만드는 이미지와 SDXL 만드는 이미지, 그리고 앞으로 나오게 될 미래 버전이 만드는 이미지의 한계는 압도적으로 다르다는 것을 기억해 두고 Stable Diffusion을 익힙시다.

물론 이 책에서는 Stable Diffusion의 버전에 상관없이 활용할 수 있는 모든 기술과 개념들을 설명할 것이기 때문에 너무 걱정하지 않으셔도 좋습니다. 자, 이제 이미지를 생성할 시간입니다!

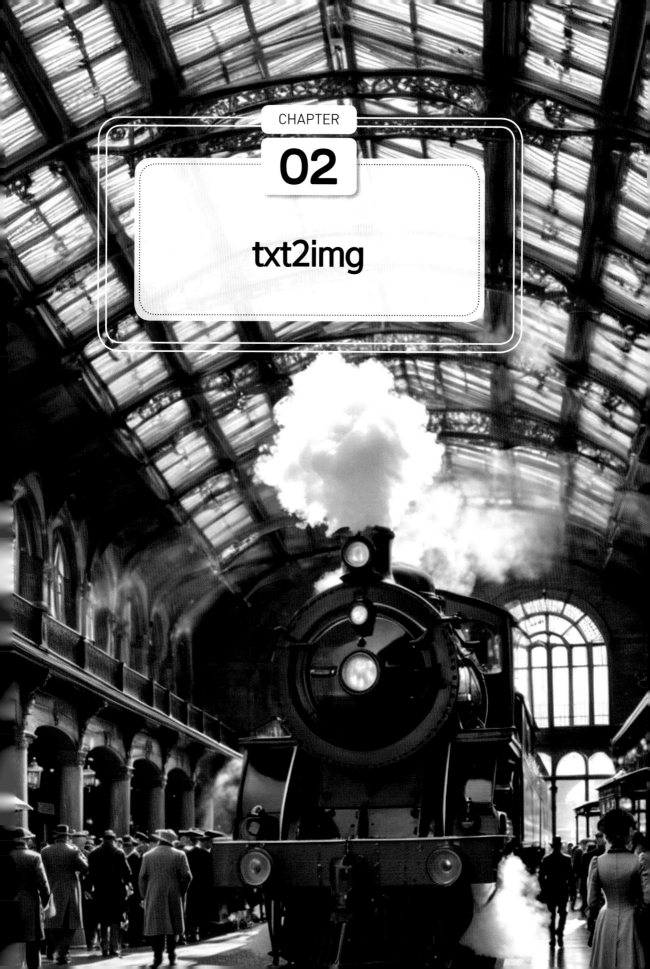

CHAPTER

02

txt2img

01. 프롬프트 입력법

프롬프트는 나눠서 써야한다

이번 Chapter 02에서는 Stable Diffusion에서 가장 기초가 되는 이미지 생성 방법인 txt2img를 다룰 것입니다. txt2img는 가장 간편한 방법이기에 특별히 어려워할 필요가 없습니다. 여러분이 원하는 그림을 프롬프트로 설명만 해도 Stable Diffusion은 당신을 위해 그림을 만들어 줄 것입니다.

그렇다면 프롬프트는 어떻게 입력해야 좋을까요? 다른 곳에서는 프롬프트의 사용법을 강조하지만, 저는 오히려 간단한 기초 외에는 기억해 둘 필요가 없다고 말씀드립니다. 우리가 원하는 이미지를 구체적인 부분까지 완성하기 위해서는 생성보다 수정의 과정이 더 중요하기 때문이죠. 정확한 이미지를 한 번에 얻기 위해 프롬프트에 목을 맬수록 여러분의 시간은 낭비될 것입니다. 이것을 다시 한번 마음속에 새기고 프롬프트 입력의 규칙에 대해 간략하게 소개하겠습니다. 이 항목에서는 SD 1.5 버전의 체크포인트 'Juggernaut_reborn'를 사용하여 이미지를 생성하였습니다.

우선 가장 먼저 기억해야 하는 간단한 규칙은 프롬프트를 ',(쉼표)' 단위로 끊어서 입력해야 한다는 것입니다. 강아지가 공원에 있는 고퀄리티의 이미지를 만들어본다고 가정하겠습니다. 그렇기 때문에 1dog, park와 같은 프롬프트를 기본적으로 입력하겠습니다. 양질의 이미지를 만들고 싶으니 high quality, best quality와 프롬프트도 입력해 봅시다. 이 프롬프트들을 올바르게 입력하려면 다음과 같이 입력하면 됩니다.

1dog, park, high quality, best quality

원하는 프롬프트를 하나씩 입력하고 ',(쉼표)'로 끊어서 입력하면 완성입니다. 위의 프롬프트를 이용해 이미지를 만들어봅시다. 다시 한번 기억해 둬야 할 것은 '프롬프트만으로는 완벽한 이미지를 완성할 수 없다는 점'입니다. 이 파트에서 완성되는 이미지의 퀄리티에 너무 실망하지 말고 개념만 기억하고 넘어갑시다!

1dog, park, high quality, best quality를 입력하여 생성한 이미지

고퀄리티는 아니지만, 원하는 프롬프트에 맞춰서 이미지를 생성했습니다. 조금 복잡한 것도 만들고 싶어지네요. 예를 들어 왼쪽에는 붉은색 단풍나무가 있고, 오른쪽에는 녹색 소나무가 있는 공원의 한 가운데에 허스키 한 마리가 있는 이미지처럼 말이죠.

이게 가능할까요? 위의 글대로라면 red maple tree is at the left side and green pine tree is at the right side in the park, husky dog is standing in the middle of the park, high quality, best quality로 입력하면 이미지가 생성될 것입니다.

전혀 프롬프트에 부합한 이미지가 나오지 않은 모습

가운데에 허스키와 비슷한 생물이 나왔지만, 공원을 묘사한 이미지는 프롬프트대로 나오지 않았습니다. 복잡하고 긴 프롬프트를 입력하면 제대로 인식을 못 하기 때문입니다. red maple tree is at the left side and green pine tree is at the right side in the park 프롬프트만 하더라도 어마어마한 길이를 보여주고 있죠. red maple tree is at the left side, green pine tree is at the right side in the park로 분리하여 적어도 결과는 마찬가지입니다. 프롬프트가 모든 것을 해결해 주지 않는다는 적절한 사례이죠.

프롬프트에 의존한다는 것은 랜덤성에 의존하는 것과 마찬가지입니다. 그렇다고 Stable Diffusion은 txt2img에 사용하기 부적절한 AI일까요? Stable Diffusion의 진정한 가치는 아직 나오지 않았습니다. 이 파트에서는 프롬프트를 입력하는 법만 기억하고 넘어가도록 합시다.

프롬프트에 가중치를 둔다

두 번째로 기억해 둬야 할 것은 바로 '가중치 입력법'입니다. 가중치란, 프롬프트를 어느 정도 반영할지 정하는 요소입니다. 프롬프트들의 기본 가중치는 100%입니다. 예를 들어 1girl, smile 프롬프트를 입력한다면 여성이 웃는 이미지를 제작하겠죠. 이때 smile을 100% 반영할 것입니다. 그렇다면 아주 살짝 웃게 하려면 20% 정도 웃게 해야겠지요. 이때 입력법은 다음과 같습니다. (smile:0.2) 자신이 원하는 프롬프트를 '( )(괄호)' 안에 넣고 ':(콜론)' 뒤에 '0.1~1.4' 사이의 숫자를 입력하면 됩니다. 0.1 = 10%, 1.4 = 140%가 되겠지요. 1.5 이상의 숫자를 입력할 수도 있지만, 이미지가 깨질 수도 있어 있고, 필자는 큰 체감이 없다고 생각하여 최대 1.4만 사용하고 있습니다.

실제로는 어떨까요? 1girl, caucasian[3], (smile:0.2) 가중치 20% 이미지와 1girl, caucasian, smile 기본 가중치 이미지, 그리고 1girl, caucasian, (smile:1.4) 가중치 140% 이미지를 직접 만들어서 비교해 봅시다. 정확한 비교를 위해 Seed 값은 '885507241'로 고정하고 제작해 보겠습니다.

왼쪽부터 각각 smile 0.2 / 기본(1.0) / 1.4

---

3   유럽의 백인을 지칭하는 말

Seed 값을 일정하게 유지하니 이미지가 어느 정도 일관성을 유지하고 있습니다. 그리고 가중치 프롬프트에 따라 웃는 모습이 변하였습니다. 특히 가중치 1.4 smile 이미지는 기본 이미지보다 아주 활짝 웃고 있군요. 반면 0.2 이미지는 기본 이미지와 큰 차이가 없는 것 같습니다. '굳이 가중치 프롬프트를 사용해야 하나?'라고 생각할 수도 있습니다. 나아가 이 파트를 적은 목적에 대해서 궁금할 수도 있을 것입니다.

여기에는 두 가지 이유가 있습니다. 첫 번째, 이 파트를 통해 여러분들은 프롬프트가 만능이 아니라는 것을 깨우쳤습니다. 필자는 이 책을 집필하기 전에 Stable Diffusion을 익히는 사람들을 여럿 보았습니다. 그중 대부분은 좋은 이미지가 나오지 않아서 프롬프트 수정을 어떻게 할지에만 몰두하고 있었습니다. 실제로 프롬프트를 잘 입력해서 좋은 이미지가 간혹가다 나오는 경우가 있기 때문이죠. 이것은 비단 Stable diffusion을 처음 익히는 사람들에게만 생기는 오해가 아닙니다. 대부분의 일반인은 AI 이미지가 프롬프트만 입력하면 내가 원하는 이미지를 정확하게 만든다고 생각합니다. AI로 원하는 이미지 제작이 굉장히 쉽다고 생각하고, 원하는 이미지가 나오지 않아 쉽게 좌절하며 포기합니다. **이러한 오해들을 부수고 기초상식을 갖춘 것만으로도 Stable Diffusion을 익히는 데 엄청난 도움을 줄 것입니다.**

두 번째, 'CIVITAI'에서(혹은 다른 AI 이미지 사이트에서) 다른 사람의 이미지 제작 사례를 볼 때 큰 도움을 줄 것입니다. CIVITAI에는 여러 모델을 다운로드하는 것을 넘어서 이미지에 어떤 프롬프트가 사용되어 있는지 알 수 있습니다. 사람마다 저마다의 프롬프트를 입력하기 마련인데, 이때 프롬프트에 가중치를 적는 경우가 많이 있습니다.

제가 강의를 할 때, 무지막지하게 긴 영어들과 괄호 안의 정체불명의 숫자들에 겁을 먹거나 막막한 장벽을 느끼는 분들이 많았습니다. 하지만 이제 여러분들은 프롬프트의 입력법과 가중치가 무엇인지 익혔습니다. 다른 AI 프롬프트들을 보고 무엇인지 어느 정도 짐작 가능할 것입니다. 영어의 장벽에 막힌다고 하더라도 번역기를 통해 해석할 수 있으니 말이죠.

다양한 프롬프트로 만든 이미지

프롬프트가 모든 것을 해결해 주진 않지만, 적어도 어떤 프롬프트들을 입력하여야 이미지가 나오는지 파악하기 위해서는 다른 선례들을 찾아서 따라 해보는 것이 가장 좋습니다. 다음 이미지들은 CIVITAI에서 프롬프트를 가져와 제 나름대로 따라 만든 이미지들입니다. 원본과 비슷한 느낌을 위하여 여러 기능 등을 병행하여 제작했기 때문에 프롬프트들을 그대로 따라 입력하더라도 다르게 나올 수 있습니다. 똑같은 이미지를 만들기보다는 프롬프트가 쓰이는 느낌을 익혀보도록합시다.

⊙ **Prompt:** From back view, dynamic lighting, Depict 1 woman walking through a desert at night, with a sky full of swirling galaxies and stars above her, She wears a flowing, hooded cloak that glows faintly in the starlight, The desert landscape, dotted with bioluminescent plants, add a mystical feel to the scene, Ultra-high resolution, 8k, intricate details, vibrant colors

⊙ **Prompt:** from above, long shot, (A stunning, hyper-realistic fantasy scene :1.2), breathtaking aerial, floating island, Mayan civilization, Water flows from the heights of the structures, cascading down and eventually spilling over the edge of the island. vivid night sky, adorned with colorful, with the faint outline, Milky Way visible in the distance, hyper-realistic with surreal fantasy elements, details colors, vibrant colors, Hyper-realistic, surreal, fantasy, detailed, vibrant, enchanting, ancient ruins, flowing water, vivid night sky, ethereal

⊙ **Prompt:** natural lighting, from front, Afghan Hound sitting at a table, looking over a treasure map, on a wooden table, map of treasure, pirate hat, gold, bright, vibrant, dynamic, hyper-realistic, vivid colors, intricate details, realistic style, oil paintings, acrylic paintings, watercolor paintings, digital illustrations, mixed media pieces

⊙ **Prompt:** dramatic lighting, long shot, (A hyper-realistic: 1.2), Victorian-era train station, intricate architectural details, grand iron, glass roof, ornate lampposts, and bustling activity, station with people in period clothing, dramatic lighting, rays of sunlight, piercing through the glass roof, casting a warm, golden glow on the scene. textures of stonework, polished wood, metal captured with stunning detail, creating a vivid, lifelike, evoking a sense of nostalgia, (surreal: 1.2), vibrant, detailed, intricate, authentic, (lifelike: 0.8), (nostalgic: 0.8), immersive.

2. 기초적인 프롬프트

빛과 관련된 프롬프트

앞선 이미지들을 보았다면 공통적으로 보이는 프롬프트들이 있을 것입니다. 바로 이미지의 방향성을 잡아주는 프롬프트입니다. 그중 하나가 빛 관련 프롬프트입니다. 이미지에 어떤 변화를 주는지 예시를 통하여 알아보겠습니다. txt2img에서 다음과 같이 설정하고 이미지를 생성합니다.

- ⊙ **Prompt:** blonde hair, european woman, portrait of woman, urban background
- ⊙ **Negative prompt:** nsfw, low quality, bad quality, normal quality
- ⊙ **Size:** 512*768

다음, 빛 관련 프롬프트를 추가하도록 하겠습니다. urban background 뒤에 빛 관련 프롬프트를 입력하면 됩니다.

① soft lighting

필자는 이 프롬프트를 만능 빛 프롬프트라고 부르고 싶습니다. 빛을 어느 정도 주어야 할지 잘 모르겠을 때, 빛과 관련된 시간, 장소 프롬프트와 조합할 때 등 어떤 상황에서도 쓰기 좋습니다. 이름 그대로 부드럽게 빛을 비춰주고 적당량 조절하기 때문에 무난한 이미지를 만들기에 좋습니다. 모든 빛 프롬프트를 기억하기 힘들다면 이것만 사용하셔도 좋습니다.

② hard lighting

soft light와 반대로 밝은 부분은 더욱 밝고 더욱 어두운 부분은 어두운, 대비감이 강렬한 프롬프트입니다. 뒤에서 후술할 cinematic lighting, dynamic lighting 등과 조합하기 좋습니다.

③ natural lighting

자연광을 사용해서 그대로 피사체를 비춰주는 프롬프트입니다. 야외의 인물이나 객체를 자연스럽게 조명할 때 좋습니다. 이 프롬프트와 뒤에서 후술할 다양한 시간대의 프롬프트를 결합한다면 좋은 결과를 얻을 수 있습니다.

④ dynamic lighting

극적인 빛을 강조하는 프롬프트입니다. 대비가 강해지고 그림자도 강조되기 때문에 깊이감 있는 이미지를 제작하는데 유용합니다.

⑤ cinematic lighting

마치 영화를 촬영할 때 사용하는 조명같이 빛을 조절해 줍니다. 빛과 그림자를 가장 극적으로 나타나는 프롬프트이며, 무게감 있는 이미지를 생성하는 데 효율적인 프롬프트입니다.

⑥ sun lighting

햇살을 직접적으로 입력한 프롬프트이기 때문에 태양이 표시되며, 빛도 강하게 비추는 프롬프트입니다. 너무 강하다 싶으면 바로 뒤에 나올 프롬프트인 crepuscular rays를 대신 사용하는 것도 좋습니다.

⑦ crepuscular rays

구름 사이에서 은은하게 햇빛이 퍼져 나오는 듯한 프롬프트입니다. 피사체에 자연스러운 햇빛을 비추고 싶다면 이 프롬프트를 사용하는 것을 추천합니다.

⑧ flash photography

카메라로 촬영한 것처럼 피사체가 카메라 플래시에 비친 듯한 이미지를 생성해 줍니다. 인물의 얼굴이 밝게 표시되어야 하는 상황일 때 사용하기 좋은 프롬프트입니다. soft light와 마찬가지로 많은 상황에 쓸 수 있기 때문에 기억해 두면 좋습니다.

카메라 위치와 관련된 프롬프트

앞서 서술한 빛 관련 프롬프트처럼 카메라 앵글과 관련된 프롬프트도 밑그림을 잡기에 큰 도움이 될 것입니다. 앵글 관련 프롬프트가 어떤 영향을 주는지 알아보기 위하여 다음 같은 프롬프트를 고정으로 두고, 앵글 관련 프롬프트만 추가하여 변화를 주겠습니다.

- ⊙ **Prompt:** short black hair, european man, man standing, urban background
- ⊙ **Negative prompt:** nsfw, low quality, bad quality, normal quality
- ⊙ **Size:** 512*768

① from front

피사체를 정면에서 바라본 이미지를 생성합니다. from front view, front view 등 다양한 방법으로 입력할 수 있습니다.

② from back

피사체를 후면에서 바라본 상태에서 이미지를 생성합니다. 마찬가지로 from back view, back view 등 다양한 방법으로 입력할 수 있습니다.

③ from above

피사체를 위에서 내려다본 상태에서 이미지를 생성합니다. 배경에도 많은 영향을 줍니다. from above view, from top view, high angle 등 비슷한 프롬프트로도 대체할 수 있습니다.

④ from below

피사체를 아래에서 위로 쳐다보는 상태에서 이미지를 생성합니다. 마찬가지로 from below view, low angle과 비슷한 프롬프트로도 대체할 수 있습니다.

⑤ from side

피사체를 옆에서 보는듯한 위치에서 이미지를 생성합니다. from side view와 같은 프롬프트로도 대체할 수 있습니다.

여기까지가 카메라의 위치를 위, 아래, 옆, 뒤, 정면 배치하는 기본적인 프롬프트입니다. 다음으로 살펴볼 프롬프트는 카메라의 앵글, 깊이감과 관련된 프롬프트입니다.

카메라 깊이감과 관련된 프롬프트

① close up

close up 프롬프트를 사용하게 된다면 피사체를 굉장히 가까이서 찍은 것처럼 이미지를 생성합니다. 피사체 관련 프롬프트가 없다면 배경의 일부를 보다 확대해서 생성합니다.

② long shot(wide shot)

long shot(wide shot) 프롬프트를 입력한다면, 피사체만 보여주는 것이 아니라 배경 전체와 함께 촬영한 것처럼 이미지를 생성합니다. 인물에 중점이 두는 것이 아니라 배경도 함께 나타내고 싶을 때 사용하기 좋은 프롬프트입니다.

③ medium shot

long shot이 배경을 넓게 보여주는 이미지였다면, medium shot은 피사체가 카메라에 더 가까운 이미지를 생성하는데 도움을 주는 프롬프트입니다.

이외에도 다양한 앵글 관련 프롬프트들이 존재하지만, 이미지 생성에 큰 영향을 주지 않는 것들이 꽤 많습니다. 특히나 촬영에 대해 잘 아시는 분들이라면, 프롬프트가 완벽히 적용되지 않을 때도 있다고 느꼈을 것입니다. 그렇기 때문에 기본적인 프롬프트들만 알아두는 것으로 하고 넘어가도록 합시다.

이제 여러분들은 프롬프트에 대한 오해를 부쉈고, 스스로 독학할 수 있는 힘을 얻었습니다. Stable Diffusion을 익히기 위해 다시 한 발짝 내밀었죠. 여기까지 쉽게 이해하셨다면 뒤의 파트들도 쉽게 이해할 수 있을 것입니다. 어렵게 느껴졌더라도 걱정할 필요 없습니다. 이미지를 여러 번 생성하고 나면 감을 서서히 익힐 수 있을 것입니다. 이제 'Prompt 입력법'만큼이나 중요한 기초인 'Negative prompt'에 대해 살펴봅시다.

03. 네거티브 프롬프트

불필요한 결과물 제거하기

네거티브 프롬프트는 뜻 그대로 프롬프트와 반대되는 역할을 합니다. 이 네거티브 프롬프트에는 크게 두 가지 용도가 있습니다.

첫 번째는 원하지 않는 결과물을 제거하기 위해 사용합니다. 예를 들기 위해 실사 그림체로 도시의 거리 이미지를 만들어 보겠습니다.

⊙ **Prompt:** city, street, high quality, realistic

도시를 입력했을 뿐인데 결과물에 여러 사람들과 자동차들이 포함된 것을 확인할 수 있습니다. 하지만 여러분이 원하는 것이 자동차가 없는 거리의 이미지였다면 어떻게 해야 할까요? 답은 간단합니다. 네거티브 프롬프트에 car를 입력하면 됩니다. 프롬프트는 그대로 입력한 채로, 네거티브 프롬프트에 car를 입력하여 봅시다.

차는 사라졌지만 흐릿한 부분이 보인다

이전 이미지와는 다르게 자동차가 최대한 배제된 모습을 확인할 수 있습니다. 이처럼 네거티브 프롬프트는 특정한 이미지 생성을 억제하는 역할을 합니다. 이미지 생성에 유의미한 변화를 주기엔 충분하지만, 프롬프트가 만능이 아니듯이 네거티브 프롬프트 또한 모든 생성을 억제하는 것은 아니니 반드시 기억해 둡시다.

두 번째로 퀄리티 향상을 보조하는 역할을 수행합니다. 고퀄리티의 이미지를 만들기 위하여 high quality, best quality, masterpiece와 같은 프롬프트들을 입력하였습니다. 이와 마찬가지로 네거티브 프롬프트에 low quality, worst quality, normal quality, blurry 등의 프롬프트들을 입력하여 퀄리티 향상에 도움을 줄 수 있습니다. 이전의 프롬프트 city, street, high quality, realistic을 유지한 채 네거티브 프롬프트를 추가하여 이미지를 생성하여 봅시다.

흐릿한 부분이 훨씬 줄어든 것을 볼 수 있다

타일과 벽돌 등이 좀 더 섬세하게 구현되었습니다. 퀄리티와 관련된 프롬프트를 입력하였지만, AI가 미처 적용하지 못한 저퀄리티 부분을 네거티브 프롬프트를 활용하여 한 번 걸러 준 것입니다.

그뿐만 아니라 text, watermark, cartoon, ugly, out of focus 등을 활용한다면 내가 원하는 이미지에 좀 더 가까운 결과물을 만들 수 있습니다.

일반적으로 쓰이는 네거티브 프롬프트

이미지에서 유의미한 변화가 느껴진다고 생각하시는 분들도 있을 것이고, 그렇지 않다고 느끼는 분들도 있을 것입니다. 대다수의 작업자는 유의미한 영향을 준다고 생각하기에 네거티브 프롬프트에 이것저것 입력하는 경우가 많습니다. CIVITAI에서 네거티브 프롬프트 예시를 가져왔습니다.

```
ugly, deformed, noisy, blurry, low contrast, low resolution, glitch, worst quality, low
quality, bad quality, low resolution, blurry image, modernist, minimalist, abstract,
simplified, unrealistic, impressionistic, anime, cartoon, graphic, painting, crayon, graphite,
deformed, mutated, cross eyes, disfigured, cropped, bad anatomy, poorly rendered face, poorly
drawn face, poor facial details, poorly drawn hands, poorly rendered hands, extra fingers,
Images cut out at the top, left, right, bottom, bad composition, text, (moles:1.3)
```

거의 논문에 가까운 네거티브 프롬프트들이군요. 압도적인 길이에 아찔함을 느낀 독자분들도 계실 것입니다. 하지만 걱정하실 필요가 없습니다. 사실 알고 보면 똑같은 의미를 말을 여러 가지로 나눈 것뿐이거든요. 간단하게 정리하면 아래와 같습니다.

```
ugly, deformed, noisy, blurry, low contrast, low resolution, glitch, worst quality, low
quality, bad quality, low resolution, blurry image → 저화질
modernist, minimalist, abstract, simplified, unrealistic, impressionistic, anime, cartoon,
graphic, painting, crayon, graphite → 실사체가 아닌 그림체
deformed, mutated, cross eyes, disfigured, cropped, bad anatomy, Images cut out at the
top, left, right, bottom, bad composition → 깨진 이미지
poorly rendered face, poorly drawn face, poor facial details, poorly drawn hands, poorly
rendered hands, extra fingers → 부적절한 인체 비례
text, (moles:1.3) → 기타 오류
```

그렇기 때문에 이 단어들의 용도를 모두 알거나 외울 필요는 없습니다. 당신이 생성하고자 하는 이미지와 반대되는 느낌의 네거티브 프롬프트들을 찾아서 그저 [복사-붙여넣기] 하여 사용하면 되기 때문이죠. CIVITAI 뿐만 아니라 다양한 사이트들에서 네거티브 프롬프트 꾸러미를 찾을 수 있습니다.

자주 사용하는 네거티브 프롬프트들을 메모장에 한데 모아서 저장하여 필요할 때마다 사용하면 됩니다. 필자의 경우 실사 이미지를 제작할 때, 인물과 배경에 상관없이 다음과 같은 네거티브 프롬프트를 메모장에 저장해 준 뒤 사용하고 있습니다.

> ⊙ **Negative prompt:** nsfw, anime, cartoon, distorted, deformed, text, watermarks, crop, duplicate, mosaic, ugly, low resolution, draft qualify, bad qualify, amateurs, (cartoon, 3d, 3d render, Photoshop, sketch, sketches, video game, draw, paint, painting, render, CGI, computer graphics, anime, manga, 2d art, 3d art, illustration:1.1), (canvas frame, watermark, signature, username, artist name:1.1)

여기까지 따라오셨다면 이미지 제작에 작은 아쉬움이 남았을 것입니다. 512 Pixel이나 768 Pixel뿐 아니라 더욱 크고 해상도가 높은 이미지를 만들고 싶다는 욕심도 나겠지요. 본격적인 고퀄리티 이미지 제작까지 한 단계가 남았습니다. 그 한 단계를 나아가기 위해 다음 파트에서는 'Denoising strength'의 개념을 간단하게 알아보고, 'hires.fix(고화질 수정)'에 대한 오해를 바로잡겠습니다.

04. Hires.fix

Hires.fix의 한계

Hires.fix는 (High Resolution Fix)를 뜻하며, 이름 뜻 그대로 고해상도 수정 기능을 제공하고 있습니다. 예시를 위해 이전과 비슷한 프롬프트에 Seed값을 '608253201'로 설정하여 이미지를 만들겠습니다.

- ⊙ **Prompt:** city, street, high quality, realistic
- ⊙ **Negative prompt:** car, low quality, worst quality, unrealistic
- ⊙ **Seed:** 608253201

이미지가 생성됐으면 [hires.fix] 기능을 체크하여 봅시다. 옵션창에 있는 [◀] 버튼을 눌러 세부 정보도 살펴봅시다.

이미지 사이즈를 512*512에서 1024*1024로 변환한다는 말과 함께 여러 가지 옵션들을 확인할 수 있습니다. 그중에서 앞에 언급한 'Denoising strength' 옵션창도 확인할 수 있습니다. 아무런 옵션을 건드리지 말고 일단 이미지를 만들어 봅시다.

이미지의 크기가 커지고 화질도 좋아진 모습

이미지의 퀄리티가 압도적으로 달라졌다는 것을 체감할 수 있을 것입니다. 불분명하거나 흐릿한 이미지들도 뚜렷하게 리터치 되었고, 건물의 윤곽은 보다 선명해졌다는 것을 느낄 수 있을 것입니다. 이렇게 보면 안 쓰면 손해일 것 같은 혁신적인 기능처럼 보입니다. 하지만, 이 기능을 실무에 사용하지 않는 치명적인 이유가 있습니다.

첫 번째는 이미지에 변형이 생긴다는 것입니다. 사진을 자세히 살펴보시면, 세부 디테일이 변했다는 것을 확인할 수 있습니다. 이미지를 생성하고 나서 'A 이미지가 마음에 드는데 화질이 좋아지면 좋겠다. 그러면 A 이미지의 Seed 값을 고정하고 나서 hires.fix 기능을 사용하면 내가 정확히 원하는 이미지를 고퀄리티로 만들 수 있겠다.'라고 생각하실 수도 있을 것입니다. 하지만 Hires.fix는 이미지의 퀄리티를 좋게 만드는 과정에서 변형을 가합니다. 그리고 변형의 강도를 정하는 옵션이 바로 Denoising Strength(디노이징 스트렝스)입니다.

이미지 변화 강도를 정하는 Denoising Strength

디노이징 스트렝스(Denoising strength)란 이미지를 얼마나 변형할지 결정하는 옵션입니다. 우선 자세한 설명 전에 예시를 통하여 이해하도록 하겠습니다. 수치는 0에 가까울수록 원본 이미지를 유지하고, 1에 가까울수록 원본 이미지에서 벗어납니다. 현재 이미지는 0.7(70%)의 변형이 가해졌기 때문에 원본 이미지에 많은 변화가 생긴 것입니다. 그렇다면 0.7이 아닌 0.1과 0.4로 하면 어떻게 변할까요? 'Denoising strength' 옵션의 수치를 각각 '0.1', '0.4'로 수정하여 두 개의 이미지를 생성하여 봅시다.

디노이징 스트렝스를 0.1과 0.4로 설정하여 생성한 이미지

이미지가 좋아지긴커녕 오히려 화질이 깨져버렸습니다. 이유는 hires.fix의 원리를 알면 쉽게 이해할 수 있습니다. hires.fix의 과정은 다음과 같습니다.

① 이미지를 업스케일한다. (이미지의 해상도를 키우는 것을 의미합니다)
② 변화한 이미지를 토대로 프롬프트에 기반하여 새롭게 이미지를 생성한다.

이 과정을 보다 풀어서 쓰자면 ① 업스케일을 하기 위해서 기존의 이미지를 넓히게 됩니다. 예를 들어 우리 추억 속의 32비트 게임의 캐릭터들은 오밀조밀한 점들로 구성되어 있지만 멀리서 보면 인식이 가능한 캐릭터로 보일 것입니다. 그러나 이 캐릭터들을 2~4배 확대해(업스케일) 본다면 캐릭터로 보이지 않고 '억지로 키워진 점들'로 보일 것입니다. 그리고 확대된 점들을 AI에게 전달하겠죠.

② 이미지 생성을 위해 AI는 '억지로 키워진 점들' 이미지를 활용하여 새롭게 그립니다. 디노이징 스트렝스가 0.7이라면 나름의 상상을 발휘하여(70%) 만듭니다. 반면 디노이징 스트렝스가 0.1, 0.4인 AI는 '억지로 키워진 점들' 이미지를 활용하여 새롭게 창작하더라도 많은 변형을 가할 수가

없습니다. 변형 수치가 0.1과 0.4로 고정되어 있기 때문이죠. 그렇기 때문에 이미지에 아주 약간의 리터치를 하고 이미지를 전달할 수밖에 없습니다. 때문에 저는 이미지를 업스케일 할 때 hires.fix 보다 Chapter 05에 나오는 extras를 사용하길 권장합니다.

이것으로 Chapter 02 txt2img 설명 파트가 끝이 났습니다. txt2img의 기능은 '프롬프트를 이미지로 구현한다'가 전부이기 때문에 어렵게 생각할 것이 없습니다. 하지만 'txt2img에서 원하는 이미지를 정확하게 생성하는 것은 불가능한가?'라는 의문만 남은 독자분도 계실 것입니다. 이 질문에 대한 답은 Chapter 04(Controlnet) 부분에 자세하게 설명될 예정입니다.

그리고 원하는 이미지를 생성하기 위해서, Chapter 03에서는 이미지를 편집하고 디테일을 수정하는 기능을 통해 좀 더 나은 퀄리티의 이미지를 제작하는 방법을 알아보겠습니다.

CHAPTER

03

img2img

01. Inpaint란?

전문가를 위한 필수 과정 인페인트

'어떻게 원하는 이미지를 구현할 수 있는가?', '어떻게 고퀄리티의 이미지를 구현할 수 있는가?'에 대한 답을 찾고자 이 책을 펼쳤을 것입니다. 이번 파트에서 그 해답을 드릴 수 있습니다. Inpaint(인페인트)는 Stable Diffusion을 다루는 실력의 척도라고 부를 수 있을 만큼 가장 중요한 기능입니다.

txt2img(text to image)는 글자(프롬프트)로 이미지를 구현한다는 뜻이었습니다. 마찬가지로 img2img(image to image)의 뜻은 이미지로 이미지를 만든다는 뜻이고, Inpaint는 내부(in)에 선택한 영역을 새롭게 그린다(Paint)는 뜻입니다.

이 기능을 자유자재로 쓸 수 있다면, 기존 이미지에서 사람의 얼굴을 수정하거나 모델의 옷을 바꾸는 등 단순한 이미지 생성을 넘어 실제 고객들이 원하는 디자이너로 거듭날 수 있습니다.

이전 Chapter에서 버튼 한 번으로 멋있는 이미지를 만들었다면, 인페인트 과정에서는 다소 반복적인 작업과 작은 어려움이 있을 수도 있습니다. 하지만 AI 이미지 생성 마스터를 목표로 하고, AI를 통하여 수익을 창출하고 싶다면 꼭 거쳐야만 하는 과정입니다. 함께 힘내도록 합시다.

필자가 작업한 인페인트 예시 – 홍차 광고

인페인트 준비

간단한 예시 이미지를 통하여 인페인트 기능을 알아보겠습니다. 다음과 같은 프롬프트와 옵션으로 설정하여 이미지를 만들겠습니다. 네거티브 프롬프트는 Chapter 02에서 제공한 프롬프트와 같은 것입니다. **이 책에서는 계속 같은 것을 쓸 예정이니 이후로는 생략하도록 하겠습니다.**

- ⊙ **Prompt**: dog, dog on the floor, luxury room, sofa, chandelle, high quality, realistic, high resolution
- ⊙ **Negative prompt**: nsfw, anime, cartoon, distorted, deformed, text, watermarks, crop, duplicate, mosaic, ugly, low resolution, draft qualify, bad qualify, amateurs, (cartoon, 3d, 3d render, Photoshop, sketch, sketches, video game, draw, paint, painting, render, CGI, computer graphics, anime, manga, 2d art, 3d art, illustration:1.1), (canvas frame, watermark, signature, username, artist name:1.1)
- ⊙ **Sampling Steps**: 30
- ⊙ **Sampling method**: DPM++ 2M, Karras
- ⊙ **CFG scale**: 7
- ⊙ **Image Size**: 1024*768 Pixel
- ⊙ **Seed**: 533553135

고화질 이미지를 만들기 위한 과정이니 1024*768 pixel 사이즈로 제작합시다. 'Sampling steps'는 '20~40' 사이면 괜찮지만, 필자의 경우 '30'으로 통일하여 진행하겠습니다. 'Sampling method(Sampler)' 또한 되도록 'DPM++ 2M Karras'로 통일하여 진행하겠습니다.

간단한 설정만으로 괜찮은 이미지가 나타났지만, 자세히 살펴보면 개의 얼굴이나 뒷다리, 샹들리에 처럼 화질이 떨어지는 모습을 확인할 수 있습니다.

예제 이미지를 여러 번 편집하여 제작할 예정이니, 예제 이미지용 폴더를 만들어 저장한 뒤 세부 디테일을 살리는 방법을 배우기 위해 [Inpaint]기능을 열어보도록 합시다.

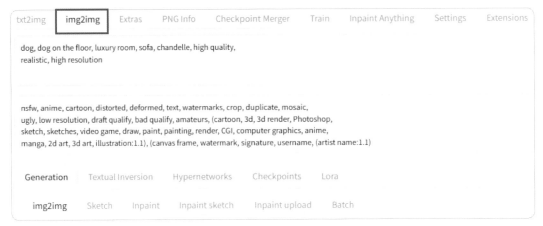

먼저 txt2txt 옆에 있는 [img2img] 탭을 클릭한다

이어서 [gernation] 항목에 속해 있는 [Inpaint] 탭을 클릭

[Inpaint] 탭을 열었으면 생성한 이미지를 업로드 합니다. 'txt2txt'에서 아예 새로운 [Inpaint] 탭으로 이동하였기 때문에 옵션을 새로 설정하여야 합니다. **Width와 Height를 기존 이미지와 같은 사이즈로 설정한 뒤 프롬프트와 네거티브 프롬프트도 똑같이 입력합니다.**

혹은 [팔레트] 버튼을 눌러서 'txt2img'에서 생성한 이미지와 설정을 'Inpaint'로 간편하게 옮길 수 있습니다.

팔레트 버튼을 눌러 이미지와 설정을 편하게 옮길 수 있다

인페인트는 수정하고 싶은 영역만을 편집할 수 있습니다. 개의 이미지의 디테일이 부족하기 때문에 편집의 필요성을 느끼셨을 것입니다. 먼저 개의 얼굴 부분만 칠해보겠습니다.

그림을 그리듯 칠하여 영역을 선택한 모습.

이렇게 **영역을 선택하는 것을 마스크(Mask)를 씌운다**고 합니다. 이후 이미지를 생성하면 하얀 영역만 새롭게 그려줍니다. 그러나 생성 전에 옵션을 인페인트 제대로 설정하지 않으면 이상한 그림이 나올 것입니다. 다양한 옵션이 있기 때문에 헷갈릴 수 있습니다. 두려워할 것 없이 자주 쓰는 옵션부터 차근차근 살펴봅시다.

인페인트 설정

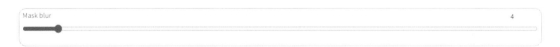

인페인트 옵션 탭

❶ Mask blur

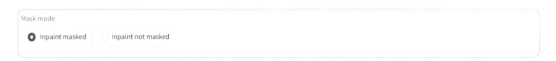

'Mask blur(마스크 블러)'가 높을수록 주변 영역과 조화롭게 어우러져, 수정 후의 모습이 자연스럽게 됩니다. 반대로 마스크 블러가 낮을수록 주변 영역과 상반되어, 수정한 곳과 하지 않은 곳의 이미지가 구분됩니다. **512*512 이미지 기준 평균적으로 4를 사용하고, 이미지가 커질수록 최대 32를 설정합니다.** 필자는 1920*1080 사이즈 기준으로 작업하기 때문에 주로 32를 설정합니다.

❷ Mask mode

'Mask mode(마스크 모드)'는 내가 칠한 부분만(Inpaint masked)을 수정할 것인지, 내가 칠하지 않은 부분만(Inpaint not masked)을 수정할 것인지 결정하는 옵션입니다. **이번엔 칠하는 부분을 수정할 것이니 [Inpaint masked] 옵션을 선택**합니다.

❸ Masked content

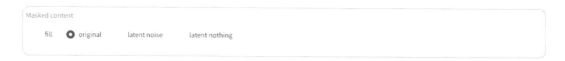

어떤 이미지를 채워 넣을지 결정하는 가장 중요한 옵션입니다. 지금은 [original] 버튼을 먼저 알아보겠습니다. [original(원본)] 버튼은 말 그대로 기존의 이미지를 기반으로 수정하게 됩니다. 현재 색칠한 영역에는 갈색 털과 커다란 귀를 가진 개의 얼굴이 있습니다. Inpaint를 실행한다면 이러한 특징들을 베이스로 이미지를 수정하게 됩니다.

한 가지 명심해야 할 점은 '원본 이미지'에 따라서 결과물이 달라진다는 것입니다. 개를 사람으로 바꾼다던가, 갈색 털을 초록색 털로 바꾸는 것은 아예 다른 영역의 이야기입니다. **디테일과 관련된 작업은 보통 [original]에서 많이 합니다. 이번 항목에서도 [original]을 선택**하고 넘어갑시다.

❹ Inpaint area

'Inpaint area(인페인트 에리어)'는 Inpaint를 할 때 어느 영역을 참고할지 정하는 옵션입니다. [Whole Picture]는 이미지 전체를 참조하여 이미지를 수정합니다. [Only Masked]의 뜻도 영어 그대로 선택한 영역만 참조하여 이미지를 수정한다는 뜻입니다. 두 옵션을 얼핏 보았을 때 Whole Picture의 전체 색감을 참조하는 것이니 Only masked보다 상위 호환이라고 생각할 수도 있습니다. 두 옵션은 비슷해 보이지만 매우 다른 결과물을 가져옵니다. 이를 보다 쉽게 이해하기 위하여 우선은 [Only masked]를 선택하고 이미지를 만들겠습니다.

❺ Only masked padding, pixel

색칠한 마스크 주변의 몇 픽셀만큼에서 색상 및 형태를 반영하는지 설정하는 옵션입니다. 기본값은 '32'이며, 그대로 두셔도 무방합니다. 이 수치를 너무 많이 높일 경우, 결과물의 퀄리티가 떨어지는 경우가 발생합니다.

모든 옵션을 다 선택했다면. [Inpaint masked - Original - Only masked]로 설정되었을 것입니다.

'내가 선택한 부분을', '기존의 이미지와 비슷하게', '선택한 부분만을 참고해서' 그린다는 의미가 되겠습니다.

이 옵션들이 Inpaint의 기능에서 가장 많이 쓰이는 세팅 값입니다. 이 옵션을 설정해 두고, 이미지를 생성하기 전에 마지막으로 설정해야 할 것이 있습니다. 이미지 사이즈와 CFG 스케일을 조절하는 옵션 밑에 새로운 옵션 창이 생긴 것을 확인할 수 있습니다. 'Hires.fix' 파트에서 설명 드렸던 'Denoising Strength(디노이징 스트렝스)' 옵션입니다.

❻ Denoising Strength

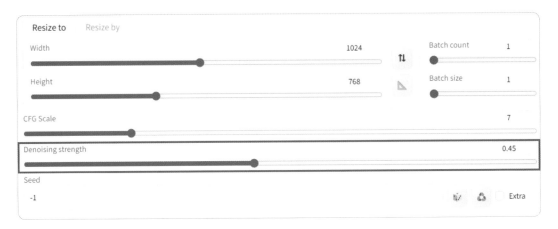

이 옵션의 설정값에 따라 이미지의 변하는 강도가 달라집니다. 설정값에 따르는 변하는 정도는 다음과 같습니다.

- 0.0 ~ 0.2 원본 이미지에서 크게 변하는 정도가 없음.
- 0.2 ~ 0.4 원본 이미지가 유지되면서 디테일이 살짝 추가되는 정도
- 0.4 ~ 0.55 원본 이미지가 살짝 변형되면서 디테일한 요소가 어느 정도 변경됨.
- 0.55 ~ 0.7 원본 이미지에서 다소 과감하게 변형
- 0.7 ~ 1.0 원본 이미지에서 거의 벗어나 새로운 이미지를 창조하는 정도

아마 위의 옵션만으로는 난해하게 여겨질 수 있습니다. 이론보다는 몸으로 체감하기 위해 **이번 예제에서는 '0.45'로 설정하여 디테일 요소를 수정 및 보강**하겠습니다.

서론이 길었네요. 이제 이미지를 생성해 봅시다!

인페인트로 디테일 보강하기

모든 설정이 끝나고 개의 얼굴 디테일이 보강된 이미지

인페인트 전, 후를 비교한다면 수정한 버전이 보다 얼굴 윤곽을 확실하게 잡고 자연스러워진 것을 확인할 수 있습니다. 하지만 이마저도 조금 아쉽다는 생각이 드는 독자분들도 있을 것입니다. 현재 이미지 수정에 한계가 있는 이유는 선택 영역이 작다는 점(이미지 해상도가 낮다는 점) 때문입니다. 점묘법으로 그림을 그릴 때, 한 점에 찍을 수 있는 색은 한정적이기 때문에 그릴 수 있는 공간이 적으면 표현의 한계가 생깁니다.

이를 극복할 수 있는 방법은 크게 세 가지가 있습니다.

첫 번째는 SD 1.5 이상의 상위버전(SDXL 등)을 사용하는 것입니다. 이미지 학습을 많이 보강하였기에 보다 쉽고 빠르게 이미지를 고쳐줍니다. 문제가 있는 영역도 마법처럼 알아서 고쳐주는 경우가 많습니다.

두 번째는 포토샵 같은 툴로 부자연스러운 부분을 지워주고 자연스럽게 만들어주는 것입니다. 완벽할 필요 없이 아주 간단하게 형태만 완성하여도, 인페인트 작업에서 AI가 나머지는 자연스럽게 고쳐주기 때문에 많이 활용합니다. 실무에서 가장 많이 쓰이는 방법이고 원하는 구도를 특정할 수 있다는 장점이 있습니다. 기존 디자이너들이 AI를 잘 활용할 수 있는 이유 중 하나가 바로 이것 때문입니다.

세 번째 방법이 바로 이 책의 전반에 걸쳐 소개할 방법입니다. 다양한 설정과 이미지 업스케일링, 추가 익스텐션 활용, 컨트롤 넷 등을 사용한다면 고사양의 컴퓨터나 특별한 기술이 없이도 자연스러운 수정이 가능합니다.

다시 개의 이미지로 돌아와 얼굴이 수정된 이미지를 업로드하고 뒷다리에 추가적인 수정을 하겠습니다. 완성된 이미지를 드래그하여 다시 업로드 한다면, 따로 저장하지 않아도 추가적인 수정을 쉽게 할 수 있습니다.

완성된 이미지를 다시 업로드하자

개의 뒷다리에 마스크를 씌운 뒤 이번엔 'Inpaint area'의 옵션에서 [Whole Picture]를 선택합니다.

뒷다리 수정이 목표이기 때문에 뒷다리만 마스크를 씌운다

이번에 사용할 옵션은 [Whole picture]

기존에 이용했던 [Only masked] 옵션은 마스크로 지정한 영역의 정보만 참고해 그림을 그립니다. 반면 [Whole Picture] 옵션은 이미지 전체에서 정보를 참고해서 그림을 새롭게 그립니다. 참고하는 영역이 많기에 이미지가 자연스러워지지만 [Only masked] 옵션보다 디테일이 떨어지는 경우가 많습니다.

디노이징 스트렝스 옵션은 '0.5~0.6'로 조절해 가며 다리를 수정하겠습니다. 좋은 이미지가 나올 때까지 반복하는 행위가 번거롭다면 'Batch Count' 옵션을 조정하여 수십 장을 동시에 생성하는 것도 좋습니다. 저는 동시에 12장을 생성하겠습니다.

새롭게 그려내는 것이기 때문에 이상한 것을 생성하기도 한다

가장 자연스러운 이미지를 선택하자

이전보다 편해 보이는 뒷다리 형태의 이미지가 나왔습니다. 다음 프로세스는 다시 [Only masked]를 선택하고 뒷다리의 디테일을 수정하여 이미지를 보강하는 것입니다. 한 번에 완성하기보다는 여러 번의 과정을 거칠수록 더 좋은 결과물을 얻을 수 있습니다. 수정된 이미지를 다시 업로드 한 뒤 기존의 마스크와 설정을 통하여 똑같이 인페인트 합니다. 디노이징 스트렝스는 '0.5'로 설정하였습니다.

몇 번의 인페인트를 끝낸 개의 모습

얼굴과 목, 다리와 꼬리, 털의 질감 등 여러 부분이 나아진 모습을 확인할 수 있습니다. 부족하다고 느끼는 부분이 있다면 앞에서 서술한 방식을 이용하여 여러분의 방식으로 수정해 봅시다.

샹들리에 퀄리티 높이기

다른 이미지들도 마저 인페인트 해서 최고의 퀄리티로 끌어올려 봅시다. 이번에는 디테일이 부족한 샹들리에를 마스크 영역으로 설정하겠습니다.

다른 이미지들도 마저 인페인트 해서 최고의 퀄리티로 끌어올려 봅시다. 이번에는 디테일이 부족한 샹들리에를 마스크 영역으로 설정하겠습니다.

이번 프롬프트는 dog, dog on the floor를 제외하고 이미지를 생성하였습니다. 이전과 마찬가지로 옵션을 [Original – Only masked], **디노이징 스트렝스**를 '0.5'로 이미지를 생성해 봅시다.

디테일이 보강된 샹들리에 이미지 전/후

프롬프트 만으로 만든 이미지(위)와 인페인팅을 거친 이미지(아래)

이처럼 Stable Diffusion의 인페인트 기능은 이미지를 자연스럽게 수정하는 것이 가능하기 때문에 필수적으로 익혀야 하는 기능입니다. 확장프로그램이나 포토샵, 다른 디자인툴을 병행하여 이미지를 변화시키고 인페인트를 한다면 보다 높은 수준의 결과물들을 얻을 수 있습니다. 물론 이들을 활용하는 것은 아직 어려운 단계이기에 마지막 응용 Chapter에서 서술하겠습니다.

이제 여러분은 본격적으로 AI를 활용한 이미지 편집법을 익혔습니다. 기본적이지만 이 책의 가장 핵심적인 기술을 배웠다고 할 수 있죠. 인페인트의 기본적인 요소들을 익히고 나면 다양한 방면으로 응용이 가능하니 차근차근 익숙해지는 것이 중요합니다. 중요한 한 발짝을 내디딘 것을 진심으로 축하드리며, 한 단계 더 나아가 봅시다!

02. Inpaint: 이미지 변경

모델이 입고 있는 옷 바꾸기

이번 파트에서는 인페인트로 기존 이미지의 옷을 다른 스타일로 변경하는 기본적인 방법을 알아보겠습니다.

먼저 예제 이미지를 txt2img에서 만들어보겠습니다. 이번에는 한 인물에 집중하기 위하여 가로 768, 세로 1024 사이즈로 설정하겠습니다. 가로사이즈가 길어지면 stable diffusion이 억지로 인물을 채우기 때문입니다. 프롬프트를 입력하여 '정면을 바라보고 있으며 검은색 반소매 셔츠를 입은 백인 남성'을 만들겠습니다. **네거티브 프롬프트는 앞서 사용하였던 옵션을 그대로 사용하겠습니다.**

- ⊙ **Prompt:** 1man, caucasian, man is standing, looking at front view, man wearing short black shirts, park, high quality, best quality, realistic, photorealism

- ⊙ **Seed:** 3763513676

이번 파트에서 활용하게 될 예제 이미지

생성된 옷의 색을 변경하기 전에 예제 이미지가 다소 아쉽다면 전 파트와 같이 인페인트하여 디테일을 보강하고 작업을 시작합시다. 저는 피부색, 눈동자, 쇄골 등을 인페인트하여 보강한 뒤 진행하겠습니다.

우선 남성이 입고 있는 옷을 흰색 와이셔츠로 변경하고자 하니 프롬프트 man is wearing black dress shirts를 man is wearing white dress shirts로 변경해 줍니다. 와이셔츠를 입혀야 하니, 옷의 영역을 상상하면서 마스킹합니다.

포토샵처럼 딱 달라붙게 칠할 필요가 없다.

이제 옵션을 살펴볼 차례입니다. 'Masked Content' 옵션창에서 [fill]을 클릭합니다. [Original]이 '기존 이미지를 참조하여' 새롭게 그린다면, [fill]은 이미지를 '처음부터 새롭게 채운다'는 뜻을 가지고 있습니다. fill 옵션만 누르고 생성을 하게 된다면 우스꽝스러운 이미지가 생성될 것입니다. 'Inpaint area'의 옵션도 [Only masked]가 아닌 **[Whole Picture]**를 클릭합시다. 남자가 옷을 입은 이미지를 그려야 하므로 이미지 전체(Whole Picture)에서 참조하여야 좋은 결과가 나올 것입니다.

이미지를 변경하기 위해서 디노이징 스트렝스를 다소 높게 설정해야 합니다. [Fill - Whole Picture]가 새로운 그림을 그리게 하는 옵션이어도, 디노이징 스트렝스(이미지 변화강도)가 낮으면 그림의 변화가 적기 때문입니다. 저는 기존 이미지를 어느 정도 유지하면서 흰색 와이셔츠를 입게 하기 위하여 '0.55'로 설정하겠습니다. 실패한 사례를 먼저 살펴볼까요? 각각 [Fill - Only masked]를 선택한 이미지와, [Fill - Whole Picture]를 선택한 이미지입니다.

좌[Fill – Only masked]를 선택한 이미지와 우[Fill – Whole Picture]를 선택한 이미지

좌측 이미지를 먼저 살펴보자면 새로운 이미지를 채우려 했으나, [Only masked]의 영향으로 기존 이미지를 활용하려는 모습이 나타났습니다. 그렇기 때문에 흰색 와이셔츠와 검은 티셔츠가 혼합된 이미지가 나왔습니다. 반면 우측의 이미지는 좀 더 흰색을 나타내며 소매 부분도 내려오게 되었습니다.

흰색 와이셔츠 만들기

그럼에도 아직 흰색 와이셔츠라고 말하기에는 무리가 있어 보이네요. 아무리 전체적인 이미지를 참조해도 검은색이 많았고 디노이징 스트렝스(변화값)가 부족했기 때문입니다. 우리가 원하는 흰색 와이셔츠를 만들려면 어떻게 해야 할까요?

크게 세 가지 방법이 있지만 당장 할 수 있는 방법은 **다시 인페인팅을 하는 것**입니다. 처음엔 AI가 검은색 티셔츠가 포함된 이미지를 참조하였기 때문에 결과적으로 '어두운 흰색 와이셔츠'가 나왔습니다. 그렇기 때문에 다시 한번 인페인트 한다면 AI는 '어두운 흰색 와이셔츠'가 포함된 이미지를 참조하여 '보다 하얀 와이셔츠'를 그릴 것입니다.

다시 한번 옷 부분을 마스킹한 뒤 이미지를 생성해 봅시다. 이번에는 디노이징 스트렝스의 수치를 '0.60'으로 하여 보다 확실하게 변화를 만들어보겠습니다.

더욱 명확하게 흰색 와이셔츠가 된 모습

- ⊙ **Mask blur**: 32
- ⊙ **Mask mode**: Inpaint masked
- ⊙ **Masked content**: fill
- ⊙ **Inapint area**: Whole picture
- ⊙ **Denoising strength**: 0.6

분명 미래에는 보다 빠르고 간편한 방법으로 이미지를 변경하는 방법이 많아질 것입니다. 이어 소개할 'Inpaint-anything'과 같은 추가 확장 기능으로도 가능하고요. 그러나 이 파트를 통해 단순히 [Fill - Whole Picture]가 무엇인지 아는 것을 넘어 AI가 어떤 프로세스로 그림을 그리는지 이해했다면, 다른 기술들을 익힐 때, 보다 쉬운 이해가 가능할 것입니다.

03. Inpaint : 확장 기능

확장 기능(Extensions) 설치하기

앞선 인페인팅 만으로는 부족하다고 생각하신 분이 있었을 것입니다. 이번 파트에서는 기본 기능을 넘어 '확장 기능(Extensions)'을 설치하고, 이미지를 좀 더 명확하고 편리하게 수정하는 법을 알아보도록 하겠습니다.

Github에서는 스테이블 디퓨전과 함께 사용할 수 있는 확장 기능들이 공식적으로 개발되어 배포되기도 하고, 유저들이 직접 만들어 공유하기도 합니다. Stable Diffusion에서는 이런 기능들을 자체적으로 다운 받을 수 있습니다.

먼저 [Extensions] 탭을 클릭한 뒤 [Available]탭을 클릭하고 [Load from] 버튼을 클릭하겠습니다.

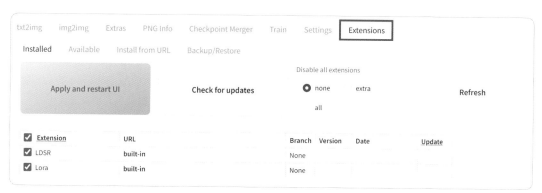

확장 기능[Extensions] 버튼을 눌러 새로운 기능을 설치 및 관리할 수 있다

[Available] 탭에서 [Load from] 버튼을 클릭

Inpaint Anything외에도 많은 확장 기능을 쉽게 설치할 수 있다

여러 확장 기능 중 인기가 많은 것들은 'Stars(좋아요)' 표시가 많습니다. 'Order'에서 [Stars]를 클릭하면, 인기가 많은 순으로 확장 기능들을 정렬해 줍니다.

여기서 설치하려는 확장 기능인 'Inpaint Anything'을 찾아보겠습니다. Ctrl + F 버튼을 이용한다면 쉽게 찾을 수 있습니다. 확장 기능을 찾았다면 [Install] 버튼을 눌러서 설치합니다. 자동으로 필요한 파일을 가져와서 설치하기 때문에 잠시 기다리도록 합시다.

확장 기능의 이름을 클릭하면 Github 홈페이지가 열리며 어떤 기능인지 자세히 확인할 수 있습니다.

인기 많은 확장 기능을 설치하고 싶다면 [stars]를 누르자

Ctrl + F로 Inpaint Anything을 찾았다면 [Install] 버튼을 눌러서 설치할 수 있다

설치가 완료되었다면 [Installed] 탭을 클릭하여 돌아간 후에 [Apply and restart UI]를 눌러 WebUI를 다시 시작합니다.

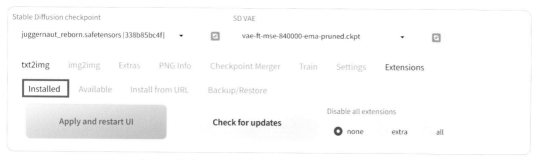

[Installed] 탭으로 돌아와 [Apply and restart UI] 버튼을 클릭

Extension	URL	Branch	Version	Date	Update
☑ LDSR	built-in	None			
☑ Lora	built-in	None			
☑ ScuNET	built-in	None			
☑ SwinIR	built-in	None			
☑ canvas-zoom-and-pan	built-in	None			
☑ extra-options-section	built-in	None			
☑ hypertile	built-in	None			
☑ mobile	built-in	None			
☑ postprocessing-for-training	built-in	None			
☑ prompt-bracket-checker	built-in	None			
☑ soft-inpainting	built-in	None			
☑ sd-webui-controlnet	https://github.com/Mikubill/sd-webui-controlnet.git	main	aa3e2055	2024-04-27 23:12:58	unknown
☑ sd-webui-inpaint-anything	https://github.com/Uminosachi/sd-webui-inpaint-anything.git	main	a980f40a	2024-04-23 19:21:05	unknown

스크롤을 내리면 확장 기능의 정보와 링크를 확인할 수도 있다

확장 기능을 설치하는 방법을 알아보았고 Inpaint Anything의 설치도 완료되었습니다. 이제 본격적으로 이 기능을 활용해 볼 차례입니다. [Inpaint Anything] 탭이 새롭게 생긴 것을 볼 수 있습니다. 이를 클릭해 봅시다.

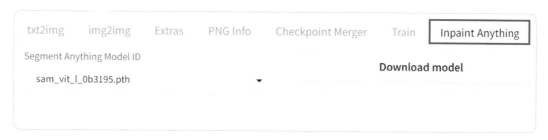

새로생긴 Inpaint Anything 탭을 클릭

[Segment Anything Model ID] 선택하면 여러 모델을 살펴볼 수 있습니다. 우리는 기본적으로 설정된 'sam_vit_l_0b319g5.pth'를 사용하여 진행하도록 하겠습니다. Inpaint Anything의 모델들은 용량이 크기 때문에 선택할 순 있지만 사용하기 위해선 별도의 다운로드가 필요합니다. [Download model] 버튼을 눌러 개별적으로 설치합니다.

다운로드하지 않으면 사용할 수 없다

Inpaint Anything 사용 방법

설치가 완료됐다면 본격적으로 사용이 가능합니다. 기존의 Inpaint에서 했던 것처럼 검은색 셔츠를 입은 백인 남성의 이미지를 업로드하도록 하겠습니다. 그리고 [Run Segment Anything] 버튼을 눌러보도록 합시다.

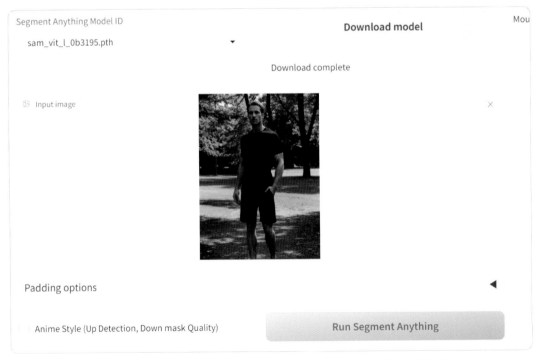

별도의 조작 없이 이미지를 업로드 한 후에 [Run Segment Anything] 버튼을 누르면 된다

확장프로그램이 이미지를 세부적으로 분리한다

업로드한 이미지가 다양한 색으로 분리되는 모습을 확인할 수 있습니다. 티셔츠를 입히고 싶은 영역들을 선택합시다. 너무 꼼꼼하게 칠할 필요는 없이 작은 점이라도 만들면, 같은 색상을 동시에 선택합니다. 다음 예시를 살펴본다면 쉽게 이해가 될 것입니다.

새로운 옷을 입히기 위하여 셔츠, 팔을 선택한다

선택이 끝났다면 [Create Mask] 버튼을 누릅니다. 선택한 영역만 Inpaint 마스크 영역이 생성됩니다.

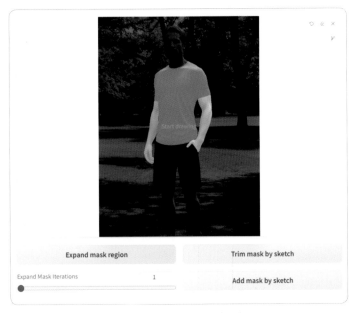

선택한 영역만 정확하게 마스크한 모습

이렇게 마스크가 씌워진 상태에서 [Expand mask region(마스크 영역 확장)] 버튼을 누르면, 선택된 마스크를 기준으로 영역을 살짝 확장할 수 있습니다. 선택이 애매하게 되었거나 보다 넉넉한 마스크가 필요한 경우 이 옵션을 누릅시다. 다만 현재 상태에서는 마스크가 깔끔하게 되었기에 생략하도록 하겠습니다.

이 상태로 그대로 인페인트를 해도 좋지만, 손 부분도 마스크가 씌워진 것을 볼 수 있습니다. 손까지 새로 그리게 되면 변형될 수 있으니, 손과 관련된 영역을 지우겠습니다. 마우스를 클릭하여 손 부분을 검은색으로 칠합니다.

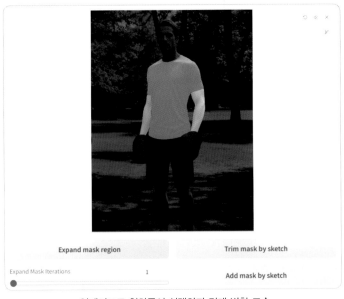

인페이트로 칠하듯이 선택하자 검게 변한 모습

이제 어떤 버튼을 누르냐에 따라 선택한 마스크의 용도가 달라집니다.

- **Trim mask by sketch**: 검은색으로 선택된 영역을 마스크에서 제외합니다.
- **Add mask by sketch**: 검은색으로 선택된 영역을 마스크에 포함합니다.

저희의 목표는 마스크로 선택된 손을 제외하는 것이니 [Trim mask by sketch] 버튼을 눌러 마스크된 손 영역을 제외하도록 합시다.

손 부분이 마스크에서 제외되었다

더 나은 결과물을 위하여 목 부분과 팔 부분을 추가로 칠하겠습니다. 마스크가 여유 있어야 타이트하지 않고 자연스럽게 생성됩니다.

추가수정도 끝났다면 [Add mask by sketch] 버튼을 눌러 마스크를 마무리하겠습니다.

최종적으로 선택된 마스크 영역

인페인트 하기위한 마스크 선택이 완료되었습니다. 이제 프롬프트를 입력하고 이미지를 변경하는 일만 남았습니다. 'Inpainting Prompt' 칸에 원하는 프롬프트를 입력하여 의상을 변경해 보도록 합시다. 흰색 긴팔 와이셔츠를 입히기 위해 white long dress shirts를 입력하겠습니다.

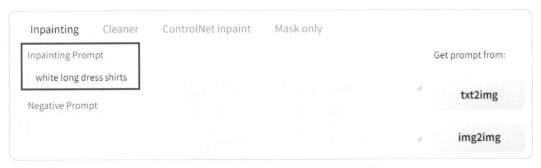

Inpaint Anything은 프롬프트를 넣는 곳이 따로 있다

이제 이미지를 인페인트하기 전에 'Inpainting Model ID'를 설정해야 합니다. 이전에 'Segment Anything Model ID'를 다운 받았던 것과 비슷합니다.

기본적으로 'stabilityai/stable-diffusion-2-Inpainting' 옵션이 선택되어 있을 것입니다. 하지만 이 옵션은 퀄리티가 매우 낮고 이미지를 제대로 인식하지 못해서 추천하지 않습니다. 필자는 'Uminosachi/realisticVisionV51_v51VAE-Inpainting' 모델을 사용하도록 하겠습니다.

Uminosachi/realisticVisionV51_v51VAE-Inpainting 모델로 변경

'Iterations' 옵션을 통해 'Batch count'처럼 이미지를 몇 장 생성할지 정할 수 있습니다. 모든 설정이 끝났으면 [Run Inpainting]을 눌러 이미지를 생성하는 일만 남았습니다! 버튼을 누르면 자동으로 'Inpainting Model ID'를 다운 받고 잠시 후 결과물이 나옵니다.

생성된 이미지, 아직은 그림체가 어울리지 않는다

'Inpaint anything'은 간편하게 의상이나 사물을 바꿀 수 있기 때문에 굉장히 유용한 확장 기능입니다. 다만 체크포인트와 인페인팅 모델 ID가 다르기 때문에 그림체나 느낌이 다를 수도 있습니다. 그럴때는 [Inpaint]로 돌아가 직전 파트에서 설명했던 것처럼 [only masked - whole picture]를 선택하여 다시한번 인페인트 합시다. 디노이징 스트렝스는 '0.45~0.6' 사이로 설정합니다. 필자는 0.55로 설정하겠습니다.

일반 Inpaint 탭으로 돌아와서 설정

인페인트를 이용해 그림체를 통일한 최종 결과물

04. Inpaint: 이미지 제거

네거티브 프롬프트로 인물 제거하기

지금까지 [Fill - Whole Picture]의 기능을 활용하여 이미지를 변경하는 법을 만들어보았습니다. 이를 확장하여 사용한다면 기존의 이미지를 제거하는 것 또한 가능합니다. 이미지를 제거한다는 것은 그 자리를 대체하는 새로운 이미지를 변경한다는 것과 마찬가지이기 때문입니다.

우선 프롬프트를 입력하여 거리 위에 있는 여성의 이미지를 만들어 봅시다.

> ⊙ **Prompt:** street, 1girl, 1girl is looking at viewer, high quality, best quality, soft lighting, realistic, photorealism
>
> ⊙ **Seed:** 3143855333
>
> ⊙ **Size:** 1024*768

여성분이 위험하게 차도에 있군요. 여성을 이미지에서 제거하기 위하여 마스킹합시다.

제거할 영역(새로운 이미지를 채워 넣을 영역)을 마스킹

여성이 사라진 공간에는 도시와 거리만이 남을 것입니다. 이전의 프롬프트에서 1girl, 1girl is looking at viewer를 제거합시다. 그리고 자동차가 다니는 도로가 새롭게 차지할 것이니 street, car road 프롬프트를 추가하였습니다. 네거티브 프롬프트에 person, 1girl 등을 추가한다면 보다 효과적일 수 있습니다.

이제 옵션을 설정할 시간입니다. 도시와 도로 등 전체적 이미지(Whole Picture)를 참고하여 여성을 대체하는 이미지를 채워 넣는(Fill) 것이니 [Fill - Whole Picture]를 선택합시다. 디노이징 스트렝스 또한 원본을 참조하도록 0.55 ~ 0.6 사이가 좋습니다. 필자는 0.55로 설정하겠습니다. 설정이 끝났으면 이미지를 생성합니다.

여성이 사라지고 새로운 이미지로 대체된 모습

여성이 사라지고 다른 이미지가 생성된 것을 확인할 수 있습니다. 다른 여성이 생성되는 경우도 있지만 10번 중 7~8번은 성공적으로 제거될 것입니다.

05. Inpaint: 이미지 추가

Latent Noise로 호랑이 추가하기

이번에도 마찬가지로 txt2img 기능을 통해 강이 흐르는 아침의 정글 숲 배경의 이미지를 만들어 보겠습니다.

⊙ **Prompt**: forest, jungle, river, morning, high quality, best quality, soft lighting, realistic, photorealism

⊙ **Seed**: 1872111178

⊙ **Size**: 1024*768

이미지 추가를 위해 여유로운 공간을 만들자

햇빛이 쏟아지는 정글 이미지가 완성되었습니다. 여기에 동물 이미지가 하나 더 있다면 좋을 텐데 말이죠. 녹색 정글에 어울리는 호랑이의 이미지를 삽입하겠습니다. 우선 호랑이가 있으면 좋겠다 싶은 영역을 적당히 마스킹합니다. (이미지를 추가하기 전에, 앞의 예제와 마찬가지로 디테일을 보강을 먼저 한다면, 더욱 훌륭한 이미지가 될 것입니다.)

호랑이가 있으면 좋겠다 싶은 위치를 마스킹

이번엔 새로운 옵션을 선택할 것입니다. 'Masked Content'에서 [latent noise]를 설정합시다.

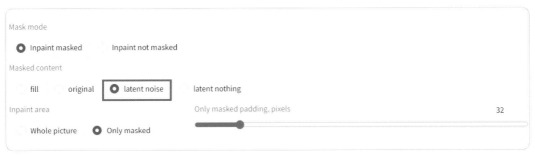

일반 Inpaint 탭으로 돌아와서 설정

Q Latent Noise가 무슨 뜻인가요?

A Latent Noise는 마스킹한 영역에 노이즈를 무작위로 생성하는 기능입니다.

스테이블 디퓨전은 화면이 지지직거리는 노이즈를 기본값으로 원하는 이미지를 만들어냅니다. 만약 디노이징 스트렝스(변형값)이 낮다면 처음의 노이즈가 그대로 나타날 것이고, 디노이징 스트렝스가 높다면 노이즈를 변형시켜 프롬프트에 부합하는 이미지를 만들어 낼 것입니다. 그러나 이 기능은 한계점이 있습니다. '선택한 영역에 맞춰' 정확하게 호랑이를 그리지 않는다는 점입니다. 이미지 생성을 보다 완벽하게 하기 위해선 후에 배울 컨트롤넷이나 포토샵을 병행해야 원하는 결과물을 만들 수 있습니다. 이 파트에서는 부족한 결과물이 나오더라도 개념을 익히는 것을 목표로 나아갑시다.

[latent noise] 버튼을 누르고, 디노이징 스트렝스를 0.9 ~ 0.95로 설정합시다. 한 번에 자연스러운 이미지가 나오지 않을 것입니다. 자연스러운 구도가 나올 때까지 생성을 여러 번 반복합니다.

Latent Noise를 활용하여 호랑이를 생성한 모습

다음은 앞서 배운 Inpaint 기능을 총동원하여 수정하면 됩니다. 결과물을 다시 업로드 한 뒤, 호랑이의 꼬리와 다리의 수정을 위해 프롬프트에 **tiger**를 추가합니다. 그 후 [Original - Whole Picture]를 선택하고 이미지를 새롭게 생성합시다.

기존의 마스크를 바꾸지 않고 인페인트하면 편하다.

호랑이의 얼굴과 뒷다리, 꼬리가 보다 명확해졌군요. 이제 [Original - Only Masked]로 디테일을 보강하여 자연스러운 호랑이 이미지를 만들어봅시다. 다시 강조해도 부족하지 않은 사항을 한 번 더 말씀드리자면 디노이징 스트렝스의 적절한 수치는 스스로 찾아가야 합니다.

완성된 호랑이의 모습

정글에 있는 호랑이 이미지가 완성되었습니다. SD 1.5만으로도 높은 퀄리티의 이미지를 자유롭게 생성 및 변형할 수 있습니다.

책으로 보았을 땐 간단해 보이지만 자연스러운 이미지가 한 번에 나오지 않을 것입니다. 'Latent Noise'로 호랑이를 20번 정도 생성했을 때 자연스러운 이미지는 3, 4개 정도일 것입니다. 이런 무작위 생성 방식으로 이미지를 만드는 것은 절대 프로답다고 할 수 없겠죠. 그 마음을 알기에 너무 실망하지 않으셔도 좋습니다. 당신을 위해 다양한 활용법이 준비되어 있습니다.

필수적으로 알아야 할 Inpaint 기능에 대해서는 모두 알아보았습니다. Inpaint 기능은 여러분도 아시다시피 [img2img] 탭에 속해있습니다. 다음은 [img2img] 탭의 이름이자 img2img의 기능 그 자체를 살펴보도록 하겠습니다. Inpaint 기능을 가장 많이 활용하다 보니, img2img는 보다 가볍게 설명할 것입니다.

06. img2img

img2img의 잘못된 사례

img2img (Image to Image)는 말 그대로 기존의 이미지와 새롭게 입력한 프롬프트를 결합하여 다른 이미지를 만들어내는 기능입니다. 디노이징 스트렝스의 변화값을 통하여 사용법을 알아보겠습니다. [img2img – img2img]에서 이전에 제작한 호랑이 이미지를 업로드 합니다.

이전 Chapter에서 완성된 사진을 다시 업로드한다

여기서 프롬프트를 luxury room, sofa, high quality, best quality, soft lighting, realistic, photorealism 입력하여 결과물을 살펴봅시다. 과연 정글 속 호랑이의 이미지가 럭셔리한 방의 이미지로 변화할까요? 우선 디노이징 스트렝스를 0.3으로 설정해서 제작하겠습니다.

디노이징 스트렝스 0.3으로 생성한 결과물

모든 이미지는 그대로에 호랑이의 퀄리티는 오히려 떨어졌군요. 이번에는 0.5로 설정하여 이미지를 생성해 보겠습니다.

디노이징 스트렝스 0.5로 생성한 결과물

호랑이의 이미지는 소파로 변하였지만, 정글 숲은 그대로군요. 이미지 변환 원리를 대략적으로 눈치 채신 분도 있을 것입니다. img2img는 기존의 이미지 색상에서 정보를 참조하여 프롬프트대로 변환 합니다. 따라서 호랑이의 색상은 가죽 소파와 어느 정도 일치하여 변환되었지만, 정글 숲이 luxury room이 되기엔 디노이징 스트렝스도 부족하고 럭셔리 룸과 거리가 먼 색상이었습니다. 그렇다면 디 노이징 스트렝스를 '0.7'로 제작하면 어떻게 될까요?

디노이징 스트렝스 0.7을 설정하여 생성한 결과물

설정값을 조절하자 럭셔리한 방의 이미지가 생성되었습니다. 하지만 원본의 색과 특성이 전부 사라 져서 txt2img와 별다른 차이가 보이지 않는군요. img2img는 전혀 쓸모가 없는 기능일까요?

img2img의 올바른 사례

img2img 활용법 중에서 가장 간단한 활용법을 알려드리겠습니다. 바로 기존 이미지의 그림체를 바꾸는 것입니다. 우선 CIVITAI 사이트에서 여러분의 마음에 드는 '애니메이션 그림체' 체크포인트를 다운로드합시다.

[Most Downloaded]로 설정하고 Time Period를 [Month]로 하면 최근에 나온 체크포인트 중 가장 인기가 많은 체크포인트를 찾을 수 있으니 참고합시다. 자유로운 커스터마이징을 위하여 특정 모델은 추천하지 않겠습니다.

원하는 체크포인트를 설치하셨으면 [webui 〉 models 〉 Stable-diffusion] 폴더로 옮긴 후 새로고침하여 설정합니다. 체크포인트의 특성에 따라 여러 이미지가 나올 수 있으니 다양한 체크포인트를 사용해 봅시다.

CIVITAI의 필터창 추천 옵션

이번엔 기존의 이미지 프롬프트를 그대로 입력하겠습니다. 우리는 애니메이션 그림체를 만드는 것이 목표이기 때문에 realistic, photorealism 프롬프트 대신 2D, Cartoon style과 같은 프롬프트를 추가합니다. 반대로 네거티브 프롬프트는 실사체와 관련된 프롬프트와 퀄리티 저하와 관련된 프롬프트를 입력하겠습니다. 마지막으로 디노이징 스트렝스를 '0.7'로 설정 후 이미지를 생성합니다.

체크포인트를 바꾼 후 img2img를 사용한 결과물

호랑이뿐만 아니라 정글 숲과 강 또한 2D 느낌으로 변환된 것을 확인할 수 있습니다. 이미지를 전체적으로 새롭게 그려내었기에 호랑이의 얼굴 디테일이 아쉽지만, 이 또한 인페인트로 수정할 수 있으니 큰 문제가 되진 않을 것입니다.

축하드립니다! Chapter 03까지 익히셨다면 여러분은 지금 Stable Diffusion의 기본기를 갖춘 상태라 할 수 있습니다. 다음 Chapter에는 앞에서부터 서술한 컨트롤넷의 정체에 대해서 알려드리겠습니다. 인페인트 기능이 스테이블 디퓨전의 기본이었다면, 컨트롤넷은 스테이블 디퓨전 응용의 핵심이라는 것을 강조하며 한 단계 나아가겠습니다.

CHAPTER

04

컨트롤넷

01. 컨트롤넷: 세부적인 작업을 위한 고급 기술

예제 이미지는 19페이지의 QR코드로 다운로드 할 수 있습니다.

컨트롤넷이란?

Chapter 04까지 따라오신 분 중에는 이미 AI 이미지 생성의 문제점을 발견하신 분도 계실 것입니다. 내가 원하는 자세나 구도 등을 구체적으로 설정할 수 없다는 '무작위성'입니다. 아무리 퀄리티가 뛰어난 그림을 그리더라도 무작위 생성에 의존하면 이미지는 컨셉샷에 그치고 맙니다.

이번 파트에서는 이 모든 것을 조절(Control) 할 수 있게끔 만들어주는 신경망(net)을 배울 것입니다. 바로 Controlnet(컨트롤넷)입니다.

여러분이 반영하고 싶은 것은 이미지에 따라 다를 것입니다. 가령, 오브젝트의 형태는 그대로 유지하되 특성을 바꿔서 새로운 이미지를 만들거나

외곽 형태를 유지하되 새로운 사슴 이미지를 생성한 사례(원본 이미지 출처: Freepik)

원근감, 공간적 특징은 유지하되 자유롭게 이미지를 생성하거나

공간의 형태만 유지하여 이미지를 생성한 사례 (원본 이미지 출처: Freepik)

특정 자세의 인물을 생성하는 등

특정 손동작을 하도록 유도하는 컨트롤넷을 활용하여 이미지를 생성한 사례

위의 예시가 일부라고 느껴질 정도로 다양한 컨트롤넷이 있고, 여기에 그치지 않고 새로운 컨트롤넷이 계속해서 나오고 있습니다. 그렇다고 해서 부담과 어려움을 느낄 필요는 없습니다. 컨트롤넷의 사용법은 굉장히 간단하기 때문이죠. 컨트롤넷을 본격적으로 활용하기 위하여 설치부터 차근차근 시작해 봅시다.

컨트롤넷을 설치해 보자

Chapter 03 Inpaint에서 [Extensions - Available] 탭을 통하여 자체적으로 다운을 받았다면 이번엔 다른 방식을 통해 추가기능을 다운받겠습니다.

이전과 마찬가지로 [Extensions] 탭을 클릭한 후 [Install from URL] 탭을 클릭하면 링크를 입력할 수 있는 창이 표시됩니다. 'Install from URL'이란 말그대로 'Github'나 '기타 사이트'에 업로드 된 Stable Diffusion 추가기능을 자동으로 다운로드 하여 Webui에 컨트롤넷을 설치하는 기능입니다. 컨트롤넷 뿐만 아니라 다른 확장 기능들 또한 같은 방법으로 설치할 수 있습니다.

URL 주소(https://github.com/Mikubill/sd-webui-controlnet)를 'URL for extension's git repository'에 그대로 입력한 뒤 [install] 버튼을 누릅니다.

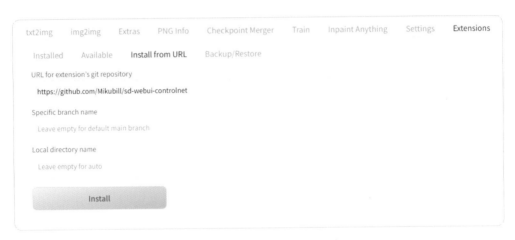

URL 주소를 직접 입력하여 다운받는다

설치가 완료되었다면 [Installed] 탭에서 [Apply and restart UI] 버튼을 눌러 새로 설치한 기능을 적용하거나 cmd창을 키면 됩니다.

컨트롤넷이 추가되었다면 [txt2img]와 [img2img] 탭에서 확인할 수 있습니다. [ControlNet] 버튼을 눌렀을 때 이미지를 업로드 할 수 있는 창과 다양한 옵션이 표시된다면 완료입니다.

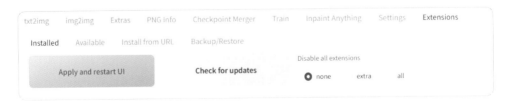

txt2img와 img2img 탭에서 사용할 수 있다

컨트롤넷의 밑그림을 정하는 모델(Model)

컨트롤넷의 핵심은 모델(Model)과 사전처리기(Preprocessor), 이 두 가지가 있습니다. 컨트롤넷을 사용하기 위해서 여러분은 이미지를 업로드하게 될 것입니다. 업로드한 이미지가 앞으로 생성하게 될 이미지의 '밑그림'이라고 생각하시면 이해하기 쉬울 것입니다. 그리고 AI가 밑그림을 참고할 때 선형태에 집중할지, 원근감에 집중할지, 배경이나 오브젝트를 무시하고 오직 인물에만 집중할지 결정하는 것이 바로 모델입니다.

모델(Model)의 종류는 최소 20가지가 넘지만, 이 모든 종류의 모델을 사용하는 일은 없을 것입니다. 지금은 사용 방법을 알기 위하여 가장 많이 사용되는 4개의 모델을 먼저 다운받도록 하겠습니다.

- https://github.com/lllyasviel/stable-diffusion-webui-forge/wiki/ControlNet-Model-download

컨트롤넷의 모델은 위의 링크에서 확인할 수 있습니다. 위의 링크 주소에 접속되지 않는다면 'Github'나 'Huggingface'에서 스테이블 디퓨전 컨트롤넷 모델을 검색하여 찾아서 다운로드합시다.

컨트롤넷 모델은 동일한 파일임에도 136MB부터 4GB까지 다양한 사이즈가 있습니다. 용량이 크더라도 차이는 미세하기 때문에 컴퓨터 환경에 맞는 모델을 다운로드합시다.

Stable Diffusion 1.5 / 2.0

Stable Diffusion 1.5 and Stable Diffusion 2.0 ControlNet models are compatible with each other. There are three different type of models available of which one needs to be present for ControlNets to function

- **LARGE** - these are the original models supplied by the author of ControlNet. Each of them is 1.45 GB large and can be found here.
- **MEDIUM** - these have been shrunk to half their size by converting them to 16 bit. Each of them is 723 MB large and can be found here.
- **SMALL** - these are LoRa implementations that only use 136 MB each and can be found here.

SD 1.5버전 모델 다운로드 페이지, 똑같은 모델이 크기에 따라 나눠져있다

Stable Diffusion XL

There is no official SDXL ControlNet model. All models come from Stable Diffusion community. Here are some collections of SDXL models:

Lvmin's collection

- diffusers ControlNet
- Controlllite
- Stability AI Control LoRA
- T2I Adapter

Qinglong's Controlllite SDXL models

- Tile realistic(NEW)
- Tile anime
- MLSD
- DW pose
- Normal
- Recolor Luminance
- Softedge
- Segment animeface

SDXL의 경우 SD 1.5 보다 종류가 적지만, 주요 파일들은 사용 가능하다

우선은 배울 'canny', 'deapth', 'softedge', 'openpose'의 파일을 모두 다운 받습니다. SMALL 파일과 MIDIUM 파일은 safetensors 확장자를, LARGE 파일은 pth 확장자와 yaml 확장자 두 개를 모두 다운 받아야 합니다.

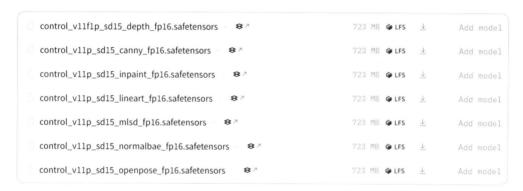

LARGE 파일은 'pth' 확장자와 'yaml' 확장자를 모두 다운받아야 한다

MEDIUM과 SMALL 파일은 'safetensors' 확장자 하나면 된다

Webui를 통하여 컨트롤넷을 설치하였을 때 [webui 〉 extensions] 폴더에 [sd-webui-controlnet] 폴더가 생성되었을 것입니다. 다운받은 Model 파일을 [sd-webui-controlnet]의 [Models] 폴더로 옮기면 설치가 마무리됩니다.

설치한 추가 확장 파일(Extension)들을 다루는 [extensions] 폴더

put_controlnet_models_here	2024-04-22
control_v11p_sd15_softedge.yaml	2024-04-25
control_v11p_sd15_softedge.pth	2024-04-25

[extensions 〉 sd-webui-controlnet 〉 Model] 폴더로 파일 모두 이동시키면 완료된다

이것으로 컨트롤넷 파일들을 사용할 준비는 모두 끝이 났습니다. 파일들을 새로 설치하였으니 Webui 실행파일을 종료 후 새롭게 실행시키거나, 컨트롤넷 모델 옆의 새로고침 버튼을 눌러 설치한 파일들을 불러와 봅시다.

다른 확장 기능과 마찬가지로 새로고침을 누르면 된다

처음에는 어렵게 느껴지는 다운로드 과정들도 여러 번 수행하고 나면 일정 패턴이 존재하고 방법이 동일하다는 것을 눈치채게 될 것입니다. 지금까지 진행한 것처럼 포기하지 않고 계속해서 전진한다면 스테이블 디퓨전을 쉽게 마스터할 수 있습니다.

설치가 끝났으니 기본적인 설정과 함께 이미지를 만들어 봅시다.

02. 컨트롤넷 사용법

컨트롤넷 기본 설정

컨트롤넷의 작동 원리는 크게 세 가지 순서입니다.

① 이미지를 업로드한다.
② 업로드된 이미지를 모델에 따라 참조한다.
③ 참조된 이미지와 프롬프트를 활용하여 이미지를 제작.

이 세 가지만 기억해 둔다면 컨트롤넷을 사용하는 데에는 크게 문제가 없습니다. 인페인트와 같이 세부 옵션들이 존재하지만, 이것들을 다 기억할 필요 없기 때문에 너무 걱정하지 않으셔도 됩니다.

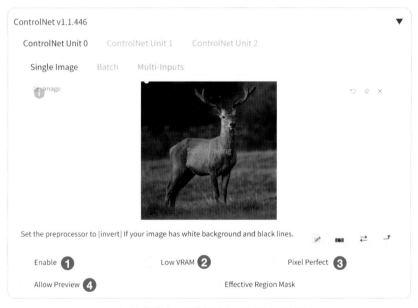

컨트롤넷 화면에서 확인할 수 있는 주요 옵션들

업로드된 이미지를 참조하여 다른 이미지를 생성하는 방식은 마치 img2img와 흡사하기도 합니다. 그렇기 때문에 기본적으로 이미지를 업로드하는 공간이 있습니다. 예시에서는 512*512 사이즈의 사슴 이미지를 사용하였습니다.

❶ Enable

컨트롤넷을 활성화(Enable)하는 옵션입니다. 이미지를 업로드하는 것에 그치지 않고, 이 옵션을 체크해야만 컨트롤넷을 작동시킬 수 있습니다.

❷ Low VRAM

VRAM이 12GB보다 낮거나 이미지 생성 속도가 너무 느리다면, 이 옵션을 체크하는 것을 추천해 드립니다.

❸ Pixel Perfect

컨트롤넷 사용을 위한 최적의 해상도로 만들어주는 옵션입니다. 더욱 정확한 컨트롤넷 반영을 위하여, **업로드하는 이미지와 생성하려는 이미지의 사이즈를 같게 만든 후에 이 옵션을 체크합시다.**

❹ Allow Preview

'Preprocessor'가 어떻게 작동하는지 미리 보여주는 옵션입니다. 다음 이미지를 통해 예시를 보여드리겠습니다. 우선 이 옵션을 체크하면 다른 이미지 박스가 하나 더 표시됩니다.

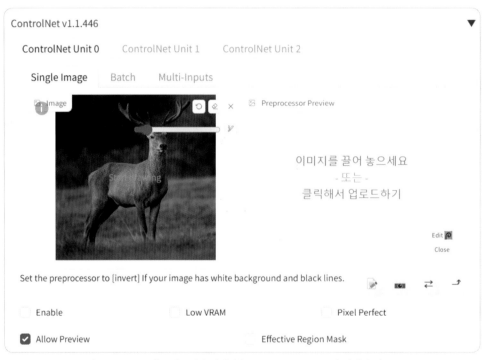

[Allow Preview]를 체크하자 나타난 'Preprocessor Preview' 이미지 박스

그 후 Preprocessor를 설정하고 오른쪽의 불꽃이 터지는 버튼을 누르면 업로드한 이미지를 어떻게 활용할지 미리 보여줍니다.

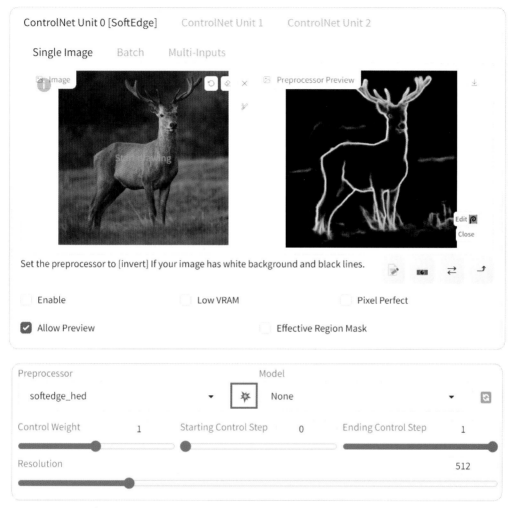

네 가지 옵션만 기억하셔도 사실상 모든 이미지를 구현 가능하니 반드시 숙지해 두도록 합시다. [Effective Region Mask] 기능의 경우, 자주 사용하지 않을뿐더러 본 책에서는 이 기능을 활용하여 이미지를 만들지 않을 예정이니 생략하도록 하겠습니다.

이미지 편집에 익숙하지 않은 독자분들을 위해서 쉽게 사이즈를 쉽게 조절할 수 있는 사이트를 알려드리겠습니다.

- https://www.birme.net/

① 파란색 버튼을 눌러서 이미지를 업로드하자.

② 원하는 이미지 사이즈를 입력한다면 사이즈가 자동으로 조정된다. 조정이 끝났으면 SAVE FILES 버튼을 눌러 다운로드 할 수 있다.

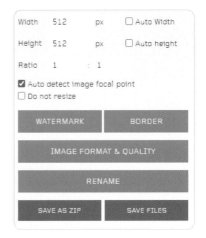

③ **사이즈 조정이 끝난 모습**

이미지를 업로드하고 우측에 픽셀 사이즈를 입력하는 것만으로도 자유롭게 사이즈 조절이 가능합니다. 또한 동시에 많은 수의 이미지를 조절하는 것도 가능하니 참고하도록 합시다.

밑그림의 디테일을 정하는 Preprocessor

Model을 설정하기 전에 먼저 알아야 하는 옵션이 있습니다. Model이 밑그림을 어떤 식으로 그릴지 정한다면, 밑그림을 그릴 때 디테일을 정하는 'Preprocessor'입니다.

Preprocessor의 종류에 따라 세부적인 디테일이 다르다

설정을 위해 일단 [Preprocessor] 탭을 눌러봅시다.

그냥 [Preprocessor] 탭을 선택하면 정리되지 않은 옵션들이 보인다

수많은 기능이 보입니다. Preprocessor를 설정할 때마다 수십 개의 기능 중에서 원하는 옵션을 찾는 것은 굉장히 번거로운 일입니다. 그렇기 때문에 특정 기능을 좁혀서 검색하는 방법이 있습니다. 바로 'Control Type'입니다. Preprocessor 위의 [Control Type] 탭에서 [SoftEdge]를 선택해 봅시다.

Control Type(컨트롤 타입)에서 SoftEdge를 선택

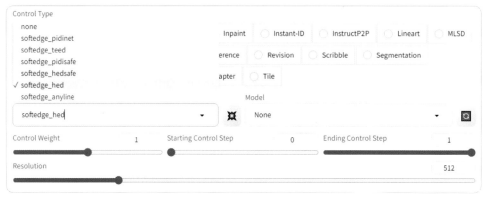

Preprocessor에서 'softedge'가 붙은 옵션들만 분류된다

softedge가 붙은 옵션들만 정리된 것을 확인할 수 있습니다. 이제 [softedge_hed]을 선택하였으면 Model도 선택해 봅시다. [Model] 탭을 누르면 이전에 다운 받은 파일이 나올 것입니다.

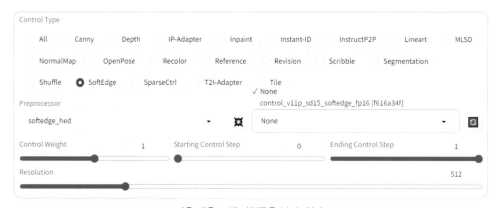

다운 받은 모델 파일들을 볼 수 있다

Model까지 설정했다면, 마지막으로 기억해야 할 것은 옵션창의 아래에 있는 'Control Weight'입니다.

Control Weight는 컨트롤넷을 얼마나 반영할지 정하는 강도로 이전에 배운 Denoising strength와 비슷한 옵션입니다. 기본값은 '1(100%)'입니다. 너무 높은 값을 입력하면 이미지를 과하게 반영하여 이상한 결과물이 나오고 '0.5' 이하로 입력하면 컨트롤넷이 의도한 대로 이미지가 나오지 않습니다. 정확한 수치는 컨트롤넷 모델마다 다르기 때문에 후술하도록 하겠습니다.

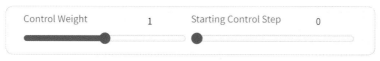

모델마다 적정 수치가 조금씩 다르다

드디어 컨트롤넷을 사용하기 위한 본격적인 준비가 모두 끝났습니다. 상상 속의 모든 이미지를 제작하기 위해 첫발자국을 움직여 봅시다!

03. 컨트롤넷 실전 연습 Canny / SoftEdge

기초적인 모델: Canny

이제 컨트롤넷 설치와 사용법 숙지를 완료하였으니, 본격적으로 사용하고자 합니다. 그중에서도 가장 기초적이면서도 많이 사용하는 'Canny'와 'SoftEdge'를 설명하겠습니다.

'Canny'는 초창기 컨트롤넷 때부터 지원하던 가장 기초적인 모델이면서도 쓰임새가 많아 유용한 모델입니다. 윤곽선 검출(Canny Edge) 기능을 활용하여 원 이미지에서 윤곽선을 추출합니다. 어떻게 작동하는지 살펴보기 위하여 컨트롤넷에 사이트 알려주기 Preprocessor에서 [Canny]를 선택하여 미리보기 버튼을 눌러봅시다.

원본 이미지(좌)와 Canny를 적용한 이미지(우)

새 이미지가 윤곽선을 따라 추출된 것을 확인할 수 있습니다. 그러나 새의 머리와 등 부분이 제대로 추출되지 않은 것도 확인할 수 있습니다. 외곽선이 흐릿하기 때문에 제대로 인식되지 않은 것입니다. 이럴 때는 옵션을 변경하여 보다 명확하게 인식하게 하는 것이 가능합니다. 먼저 'Threshold' 옵션을 수정하여 인식해 보겠습니다.

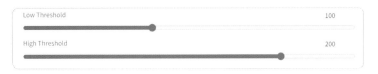

Canny에서 윤곽선 인식 범위를 조정하는 Threshold 옵션

Canny는 외곽선의 크기가 High Threshold보다 크거나, Low Threshold보다 낮을 경우 윤곽선으로 인식합니다. 원리는 아직 어려울 수 있습니다. **요약하자면 High Threshold의 값이 낮출수록 윤곽선을 보다 잘 인식할 수 있다는 것입니다.**

다만 너무 낮춘다면 Canny 전체에서 인식되는 선이 많아져서 이미지가 이상해질 수 있으니 여러 번 조절하면서 최적의 수를 찾아봐야 합니다. 이 예제 이미지에서는 High Threshold 값을 200에서 110으로 낮춰보겠습니다.

High Threshold 값을 200에서 110으로 낮춘 결과

High Threshold 값을 낮추니 외곽선을 더욱 확실하게 인식한 것을 알 수 있습니다. 그대로 따라 하기보다는 이것저것 직접 조절해 보며 직관적인 결과물을 체감하는 것이 좋습니다.

Canny 컨트롤넷 결과물을 활용해 새로운 이미지를 만들어 보겠습니다. 필자는 추운 곳에 사는 하얀 새를 만들기 위해 다음과 같은 설정과 프롬프트를 입력하였습니다.

- ⊙ **Prompt:** white bird, frozen bird, snow field, winter
- ⊙ **Control Weight:** 1

Canny가 적용된 이미지(좌)와 결과 이미지(우)

이렇게 Canny를 활용하여 컨트롤넷이 적용된 이미지를 제작해 보았습니다. 어떠셨나요? 처음 사용하는 컨트롤넷이라 어려웠을 수도 있고, 옵션 조절하는 창 때문에 당황스러울 수도 있습니다. 하지만 뒤에 후술할 SoftEdge는 Canny와 결이 같고 사용법도 간편하기 때문에 이해하기 쉬울 것입니다.

사람 인식을 위한 모델: SoftEdge

'SoftEdge'는 사소한 디테일을 함께 표현하기 때문에, **털이 있는 동물이나 사람의 특징을 인식하는 데 매우 뛰어난 컨트롤넷입니다.** 필자도 인물 모델을 제작할 때 가장 많이 사용하는 컨트롤넷입니다.

원본 이미지에 softedge_hed을 적용한 이미지

참고로 SoftEdge 모델 안에는 무려 5가지가 넘는 Preprocessor가 있습니다. 미래에는 더 많은 모델이 있을 수도 있겠죠. 모두 공부할 필요 없이, 주로 사용하는 'softedge_hed'와 'softedge_pindinet'을 살펴봅시다. 이번에는 예시 사진으로 512*768 사이즈의 사람 이미지를 사용하겠습니다. Preprocessor에서 [softedge_hed]를 선택하여 미리보기 버튼을 눌러봅시다.

Canny와 다른 느낌으로 적용된 것이 느껴지시나요? Canny가 이미지에 맞춰서 윤곽선을 딱딱하게 생성한다면 'SoftEdge'는 이미지의 윤곽선 정도에 따라 굵고 얇게 표현하는 모습을 볼 수 있습니다. 따라서 머리카락이나 속눈썹 같은 세밀한 부분도 별다른 옵션 없이 인식할 수 있습니다.

이번에는 'softedge_pidinet'을 살펴보겠습니다. softedge_hed와 매우 큰 차이는 없기에 가볍게 살펴보고 넘어가도록 하겠습니다. 같은 이미지를 업로드 한 후, Preprocessor에서 [softedge_pidinet]을 설정하여 어떻게 인식되는지 살펴봅시다.

softedge_hed(좌), softedge_pidinet(우)

softedge_hed와 비교했을 때보다 거칠어진 윤곽선을 확인할 수 있습니다. 또한 세밀한 디테일들도 다소 사라진 것도 특징입니다. 대략적인 윤곽선을 만들 때 사용하는 컨트롤넷입니다.

이번에도 결과물을 활용하여 새로운 이미지를 만들겠습니다. Canny와 똑같은 설정에 Preprocessor를 [softedge_hed], 'Control Weight'를 '0.8'로 설정하고, 공원의 검은색 코트를 입은 여성의 이미지를 생성하여 보겠습니다.

- ⊙ **Prompt**: 1girl, black coat, european girl, park
- ⊙ **Preprocessor**: softedge_hed
- ⊙ **Control Wight**: 0.8

SoftEdge가 적용 결과물(좌), 새로 만든 이미지(우)

SoftEdge 모델과 관련된 컨트롤넷은 이 정도로 설명을 마치도록 하겠습니다. 여러 가지 모델들이 존재하지만, softedge_hed만으로도 인물, 사물, 공간 등 많은 것을 구현할 수 있기 때문에 자주 애용하게 될 것입니다.

SoftEdge을 사용한 손의 표현

아마 이 책을 펼치신 분들 중의 상당수는 AI를 활용해 인물을 제작하는 것에 많은 관심을 둘 것입니다. 'OpenPose' 모델을 사용해야 사람의 포즈를 정할 수 있을 것 같은 생각도 들 것입니다. 하지만 'SoftEdge' 모델을 능숙하게 활용한다면 OpenPose로는 부족한 인물이나 손동작을 정확하게 구현할 수 있습니다.

예를 들기 위해 기도를 하는 여성의 이미지를 생성해 보겠습니다. 이미지 사이즈는 512*768 사이즈로 준비하겠습니다.

- ⊙ **Prompt:** woman is praying, pray, portrait of woman, realistic, front view, photorealism
- ⊙ **Size:** 512*768
- ⊙ **Sampling steps:** 20
- ⊙ **CFG Scale:** 7
- ⊙ **Seed:** 3701098072

기도하는 여성의 이미지. 손가락이 아직 어색하다

프롬프트를 입력하여 기도하는 여성의 이미지를 생성하였습니다. 지금까지 배운 인페인팅 방법을 이용하여 손가락의 이미지들을 수정할 수도 있겠지요. 하지만 만약에 여러분이 원하는 기도 자세가 손바닥을 맞닿은 자세가 아니라 손가락을 깍지 낀 자세라면 어떻게 제작해야 편리할까요? 혹은 깍지 낀 각도가 15도로 기울어지길 바란다면? 위치가 좀 더 아래로 내려가길 바란다면?

그 해답이 포함된 이미지를 생성하려면, 우선 여러분이 원하는 손동작의 이미지를 구해야 합니다. 예시와 같이 무료 이미지 사이트에서 다운로드해도 좋고, 3D 툴을 다룰 줄 아신다면 직접 제작하여도 좋습니다. 심지어 본인의 손을 촬영하여도 좋습니다! 사진, 이미지를 구하였다면 [softedge_hed]를 적용하여 미리보기 이미지를 봅시다.

원하는 손동작을 softedge_hed를 이용하여 따온다

필자가 원하는 손동작은 좌측 여성이 기도하는 이미지의 자세입니다. 이를 [softedge_hed] Preprocessor로 인식하면 우측의 결과물을 얻을 수 있습니다.

여기서 여러분이 구현하고 싶은 것은 모든 이미지가 아니라 오직 손동작일 것입니다. 손동작만 따오는 방법은 매우 간단합니다. 포토샵이나 그림판 같은 편집 툴을 사용하여 손을 제외한(생성할 이미지에 사용하지 않을) 영역을 모두 검게 칠하면 완료입니다.

그림판을 이용하여 손만 남긴 이미지.

컨트롤넷의 작동 원리는 다음과 같습니다.

① preprocessor로 이미지를 인식한 후에, 컨트롤넷이 적용되는 곳을 하얗게 표시한다.
② 검게 칠해진 영역은 스테이블 디퓨전이 프롬프트에 맞춰서 이미지를 생성한다.

따라서 손만 남긴 이미지를 업로드 한 뒤 새로운 이미지를 생성하면, 흰색 영역에 맞춰 손을 그린 뒤 나머지 영역을 프롬프트에 따라 채울 것입니다. **이때 중요한 점은 Model을 [SoftEdge]로 설정하고 Preprocessor는 [none], 즉 아무것도 설정하지 않는 것입니다.**

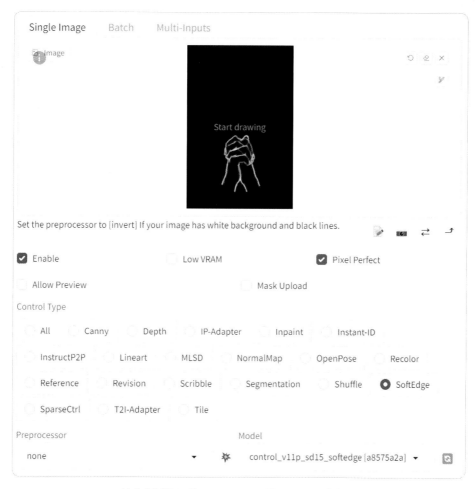

이미지를 업로드하고 Preprocessor를 none으로 설정하자

Preprocessor는 원본 이미지를 어떻게 인식할지 정하는 기능입니다. 업로드한 이미지에 이미 softedge_hed가 적용되었기 때문에 별도의 Preprocessor를 이용하지 않고 none으로 설정하여야 합니다. 'Control Weight'의 경우 외곽선을 정확히 인식하기 위하여 '0.8 ~ 1'로 설정합시다. 자, 모든 준비가 마쳤으니, 아까와 같은 프롬프트를 이용하여 이미지를 생성해 봅시다.

- ⊙ **Prompt:** woman is praying, pray, portrait of woman, realistic, front view, photorealism
- ⊙ **Size:** 512*768
- ⊙ **Sampling steps:** 20
- ⊙ **CFG Scale:** 7
- ⊙ **Control Weight:** 0.8~1

SoftEdge를 통해 손을 수정한 이미지

인페인트로 디테일을 다듬지 않더라도 높은 퀄리티의 이미지가 생성되었습니다. 인페인트와 다른 기능을 병행한다면 보다 높은 퀄리티의 이미지를 생성할 수 있을 것입니다. 손가락을 정확하게 수정하는 방법은 Depth 모델 응용 파트에서 더 상세하게 준비되어 있습니다.

04. 입체감을 인식하는 모델: Depth

Depth의 특징과 사용법

'Depth'는 영어 뜻대로 '이미지의 입체감을 인식하는 모델'입니다. 공간감을 인식한다는 특징 때문에 실내, 건물과 같은 이미지를 생성할 때 매우 효과적입니다. 원본 이미지를 업로드하여 컨트롤넷을 적용할 때, 단순히 다른 건물 이미지를 사용하는 것이 아니라, 블렌더와 같은 3D 툴로 대략적인 공간 이미지를 생성하고 적용할 수도 있으니 매우 유용합니다.

이 파트에서는 'depth_midas'와 'depth_zoe' Preprocessor 위주로 설명하고자 합니다. 이번엔 간단한 방이 필요하니 자유롭게 프롬프트를 작성하여 이미지를 만들어 봅시다. 필자는 768*512 사이즈의 실내 이미지를 준비하였습니다. 그런 다음 [depth_midas]를 적용하겠습니다.

원본 이미지(좌)와 depth_midas를 적용한 이미지(우)

이처럼 Depth 모델을 적용하였을 때 튀어나온 곳은 하얗게, 들어간 곳은 검게 인식되는 것을 알 수 있습니다. depth_midas의 경우 공간감을 대략적으로 인식하기 때문에 인식하는 속도가 depth_zoe에 비해 빠릅니다. 즉, 원본 이미지의 공간감을 러프하게 참고하고 새로운 이미지를 제작하기 좋습니다.

이번에는 depth_Zoe와 depth_leres++가 어떻게 적용되는지 살펴보겠습니다. 만약 오류가 생긴다면 Depth 파트 맨 마지막 부분의 수정 방법을 참고합시다.

depth_zoe(좌)와 depth_leres++(우)가 적용된 이미지

depth_zoe와 leres++ 두 Preprocessor는 depth_midas 보다 디테일하게 입체감을 인식하여 이미지를 생성해 줍니다. 공간을 하나하나 상세하게 반영시키고 싶다면 zoe와 leres++ Preprocessor를 사용하는 것이 좋습니다.

'입체감(Depth)을 인식해서 이미지를 생성하거나 외곽선을 인식하는 모델(Canny, SoftEdge) 모두 비슷한 이미지를 생성하게 되는 것이 아닌가?'라는 의문이 드시는 분도 있을 것입니다.

이번엔 같은 이미지를 활용하되, 'Depth' 모델을 적용하여 생성한 이미지와 'SoftEdge' 모델을 적용하여 생성한 이미지를 비교하겠습니다. 두 이미지 모두 동일한 프롬프트를 사용하여 사이버펑크 풍, 미래 느낌의 방을 만들어보겠습니다. 또한 명확한 차이를 비교하기 위하여 'Control Weight'를 똑같이 '0.6'으로 설정하겠습니다. 생성한 이미지의 결과물을 살펴보겠습니다.

- ⊙ **Prompt:** cyberpunk room, sf style, futuristic style
- ⊙ **Control Weight:** 0.6

depth_midas(좌)와 softedge_hed(우)가 적용된 이미지

두 이미지의 차이점을 눈치채셨나요? Depth 모델을 사용하여 생성한 이미지는 방의 원근감을 참조하되 자유롭게 방의 그림을 표현하였습니다. 반면 SoftEdge로 제작한 이미지는 원근감이 같을 뿐만 아니라 방의 구조가 거의 같습니다. 외곽선을 그대로 따라서 그리고 거기에 맞춰 그림을 채워 넣은 느낌입니다.

이렇듯 컨트롤넷 모델 중에서 어떤 것을 활용하냐에 따라 의도된 결과물이 될 수도 있고, 그 반대가 될 수도 있습니다. 그렇다고 해서 모든 모델을 이론적으로 암기할 필요는 없습니다. 가장 좋은 것은 다양한 이미지를 만들면서 자연스럽게 차이를 체감하고 스테이블 디퓨전을 온전히 즐기는 것입니다.

Depth 응용 이미지: 글씨 이미지

Depth를 활용해 단순히 건물, 인테리어만 만들 수 있는 것은 아닙니다. 간단한 응용 예제를 준비해 보았습니다. 768*512 Pixel 사이즈의 이미지에 CHOCO 라는 글자를 적었습니다. 본 예제에서는 베이글팻(Bagel Fat One) 폰트를 준비하였습니다.

이미지를 입힐 수 있도록 굵은 폰트를 준비한다

이후 'depth_zoe' 혹은 'depth_leres++'를 적용하여 봅시다. depth midas를 사용할 경우 글씨 테두리를 인식하지 못하기 때문에 보다 세밀하게 인식할 수 있는 Preprocessor를 사용합시다. 컨트롤넷을 적용하되 AI가 상상력을 발휘할 수 있도록 'Control Weight'를 '0.6 ~ 0.85' 사이로 설정하겠습니다.

 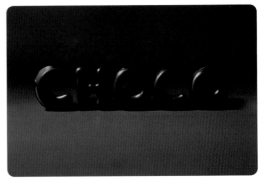

depth_less++로 인식한 글씨 이미지	원근감을 인식하여 생성한 결과물

Depth를 이용하여 이와 같은 결과가 나왔습니다. 만약에 이전에 본 것처럼 외곽선을 인식하는 모델을 적용하게 된다면 어떤 결과가 나올까요? 필자는 모든 옵션을 그대로 유지하되, 컨트롤넷을 softedge_hed로 변경하여 이미지를 생성해 보겠습니다.

외곽선을 인식하여 생성한 이미지

두 컨트롤넷 모델의 차이가 보다 확실히 느껴지셨을 것입니다. 이처럼 모델은 어떻게 활용하느냐에 따라 색다른 이미지를 만들 수 있습니다. 글씨 이미지 외에도, 수많은 포토샵 활용법이 존재하고 공유되듯이 조금만 검색하시면 스테이블 디퓨전의 다양한 활용법을 익힐 수 있을 겁니다. 그렇기 때문에 모든 활용법을 외우기보다, 이 책에서는 기초를 탄탄하게 쌓아나가 자유롭게 활용할 준비를 해봅시다.

Depth 응용 이미지: 손 수정

앞서 말한 SoftEdge와 뒤에 나올 OpenPose를 이용해 손가락을 수정하는 것도 가능하지만, 이보다 더 획기적인 컨트롤넷 모델이 있습니다. 바로 Depth 모델에 있는 depth_hand_refiner Preprocessor를 사용하는 것입니다. depth_hand_refiner는 손의 형태를 인식할 때, 손의 모양이 일그러졌을 경우 강제로 올바른 이미지로 만들어주는 손가락 수정에 특화된 모델입니다. 우선 일부러 손가락에 오류가 난듯한 이미지를 제작하도록 하겠습니다.

- ⊙ **Prompt:** 1girl, hand hello
- ⊙ **Negative prompt:** 공백
- ⊙ **Size:** 512*768
- ⊙ **Seed:** 2090917422
- ⊙ **Sampling steps:** 30

손가락이 하나 적은 여성의 이미지

별도의 네거티브 프롬프트는 입력하지 않고 프롬프트만을 입력하여 이미지를 제작하자 손가락 개수가 4개인 이미지가 생성되었습니다. 그뿐만 아니라 반대쪽 손은 크기도 균등하지 않아 매우 어색한 이미지입니다.

손을 수정하기 위해 [Inpaint] 탭으로 넘어가겠습니다. 인페인트 옵션을 설정하기 전에 컨트롤넷에 이미지를 업로드 후 depth_hand_refiner를 적용하면 손이 어떻게 인식되는지 살펴봅시다

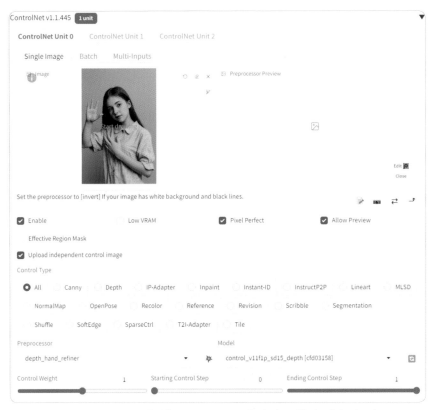

컨트롤넷을 설정한 다음에 [Run Preprocessor(붉은색 폭발)] 버튼을 눌러보자

depth_hand_refiner를 사용하자 손가락을 5개로 인식한다

여성의 손가락이 우측처럼 변한다면 굉장히 자연스러운 손이 될 것입니다. 이 기술이 나오기 전에는 손가락의 수정에 많은 시간이 걸렸지만, 이제는 자동으로 손 모양을 형성할 수 있기 때문에 매우 쉽게 제작 가능해졌습니다.

다음으로 인페인트에도 여성의 이미지를 업로드 하고 오른손에 마스크를 씌운 뒤, 이미지 수정을 위한 인페인트 옵션을 살펴보겠습니다.

수정할 손에 마스크를 입힙시다.

지금은 손의 개수가 정확하게 잡히지 않은 상황입니다. 완전히 새로운 손을 그리기 위해 [original - Whole picture]를 선택한 후에, 'Denoising strength'를 '0.85 ~ 0.9'로 매우 강하게 설정합니다. 이제 별다른 준비 없이 이미지를 생성하기만 하면 끝입니다. Batch Count를 5~10 정도 설정하여 이미지 중에 제일 좋은 이미지를 골라봅시다. 정말 간단한 방법이지요?

수정된 오른손의 이미지

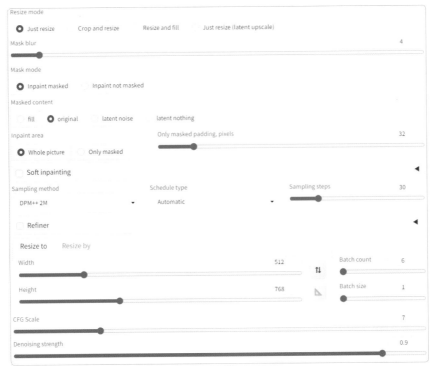

인페인트 옵션은 다음과 같이 준비합니다.

고작 5초 만에 좋은 이미지가 생성되었습니다. 부족한 손가락의 개수가 빠르게 채워졌듯이 일그러진 손의 이미지도 잘 수정을 해줄지 궁금할 것입니다. 반대쪽 손도 수정하겠습니다. 완성된 이미지를 드래그하여 업로드 한 뒤 마찬가지로 왼손에 마스크를 입히고 생성만 하면 끝입니다.

수정된 왼손의 이미지

마찬가지로 훨씬 좋은 이미지가 나왔습니다. 아직 조금 아쉽다는 생각이 드시는 분들은 인페인트의 옵션을 [original - Only masked]로 설정한 뒤, 디테일을 다듬기 위하여 'Denoising strength'도 '0.45 ~ 0.55'로 설정합시다. 필자는 0.5로 설정하여 수정하도록 하겠습니다.

손가락과 손등에 있는 뼈까지 완벽하게 교정된 것을 확인할 수 있습니다. 이 기능을 활용하면 기존 이미지의 디테일을 매우 손쉽게 수정할 수 있기 때문에 반드시 기억하도록 합시다.

손을 수정하기 전 이미지(좌측)와 최종 이미지 결과물(우측)

처음 Depth_Zoe를 사용했을 때 오류가 발생할 수도 있습니다.

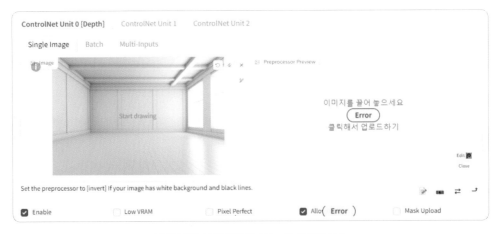

미리보기가 나타나지 않고 Error가 발생한 모습

```
RuntimeError: Error(s) in loading state_dict for ZoeDepth:
        Unexpected key(s) in state_dict: "core.core.pretrained.model.blocks.0.attn.relative_position_index", "core.core.
pretrained.model.blocks.1.attn.relative_position_index", "core.core.pretrained.model.blocks.2.attn.relative_position_ind
ex", "core.core.pretrained.model.blocks.3.attn.relative_position_index", "core.core.pretrained.model.blocks.4.attn.relat
ive_position_index", "core.core.pretrained.model.blocks.5.attn.relative_position_index", "core.core.pretrained.model.blo
cks.6.attn.relative_position_index", "core.core.pretrained.model.blocks.7.attn.relative_position_index", "core.core.pret
rained.model.blocks.8.attn.relative_position_index", "core.core.pretrained.model.blocks.9.attn.relative_position_index",
    "core.core.pretrained.model.blocks.10.attn.relative_position_index", "core.core.pretrained.model.blocks.11.attn.relativ
e_position_index", "core.core.pretrained.model.blocks.12.attn.relative_position_index", "core.core.pretrained.model.bloc
ks.13.attn.relative_position_index", "core.core.pretrained.model.blocks.14.attn.relative_position_index", "core.core.pre
trained.model.blocks.15.attn.relative_position_index", "core.core.pretrained.model.blocks.16.attn.relative_position_inde
x", "core.core.pretrained.model.blocks.17.attn.relative_position_index", "core.core.pretrained.model.blocks.18.attn.rela
tive_position_index", "core.core.pretrained.model.blocks.19.attn.relative_position_index", "core.core.pretrained.model.b
locks.20.attn.relative_position_index", "core.core.pretrained.model.blocks.21.attn.relative_position_index", "core.core.
pretrained.model.blocks.22.attn.relative_position_index", "core.core.pretrained.model.blocks.23.attn.relative_position_i
ndex".
```

Webui 실행창에서도 에러를 확인할 수 있다.

오류가 발생하였을 땐 해당하는 오류를 복사해서 검색한다면 쉽게 해결할 수 있습니다. 위의 전문을 전부 다운로드 할 필요 없이 'RuntimeError: Error(s) in loading state_dict for ZoeDepth:' 와 같은 짧은 한 줄을 복사해서 검색합시다.

검색 결과를 살펴보면 특정 모델을 불러올 때 state_dict에서 오류가 발생했다는 것을 알 수 있습니다. 이럴 땐 오류에 맞는 timm을 설치하여 고칠 수 있습니다. 한번 설치하여 봅시다. 우선 키보드에서 Windows 로고 버튼을 누릅니다. 검색창이 열리면 'cmd'를 검색하여 '명령 프롬프트'를 실행합니다.

사용자에 따라 다르지만 대략 이런 창이 표시된다.

그다음 cmd 창에서 webui 메인 폴더를 열겠습니다. 먼저 메인 폴더가 설치된 경로를 복사합니다. 경로를 복사하는 법은 간단합니다. 마치 인터넷 웹 링크를 복사하듯이 주소를 드래그하여 Ctrl + C 버튼을 누르면 됩니다.

필자의 경로는 다음과 같았고 모두 드래그하였습니다

이때 중요한 것은 cmd 창에 그대로 붙여넣기를 해선 안 됩니다. **cd를 먼저 입력하고 스페이스바를 한번 눌러서 띄운 다음에 붙여넣기를 해야 합니다.** 입력을 완료하고 엔터를 누르면 다음과 같은 창이 표시됩니다. (사용자마다 폴더 이름과 저장경로가 다르기 때문에 책과 100% 같지 않을 수 있습니다. 다시 오류가 발생한다면 메인 폴더의 개념을 잘못 이해했을 수도 있습니다. 메인 폴더에는 Models, modules, output, extensions와 같은 다양한 폴더가 있다는 것을 기억해 둡시다.)

cd '폴더 경로'를 입력하고 엔터키를 누른다면 다음과 같이 표시된다

이제 다음과 같은 글을 입력합시다. 'pip install timm==0.6.7'. 입력이 완료되었다면 엔터키를 누릅시다. 자동으로 설치가 진행되고 오류 해결을 위한 timm 설치가 완료됩니다.

Successfully installed 문구가 나오면 cmd창을 닫고 webui를 새롭게 실행한다

※ 만약 오류를 해결하는 과정이 너무 어렵다고 느껴지거나 위의 내용을 따라해도 해결되지 않는다면, 굳이 depth_zoe를 사용하지 않아도 depth_leres++가 좋은 대체제가 될 수 있습니다. 하지만 이러한 오류를 해결화는 과정 자체가 스테이블 디퓨전을 자신에게 맞게 최적화하는 과정이니 최대한 따라하는 것이 좋습니다. 어렵게 느껴지더라도 하나씩 따라한다면 쉽게 수정가능하니 낯설더라도 시도해봅시다!

05. 이미지를 참조하여 재구성하는 모델: Tile

이번 파트를 흥미롭게 읽으실 독자분들이 더러 계실 것이라 예상합니다. 컨트롤넷 모델 'Tile(타일)'은 Preprocessor에 따라 다양한 활용이 가능하기 때문이죠. Tile은 여러분이 업로드한 이미지를 참조하여 재구성해 줍니다. Canny, SoftEdge를 다운받았던 https://github.com/Illyasviel/stable-diffusion-webui-forge/wiki/ControlNet-Model-download 링크에서 Tile 모델과 다음 파트에서 사용할 Scribble 모델, Inpaint 모델을 다운받은 뒤 바로 시작해 봅시다.

비슷한 레퍼런스 제작하기

이번 파트에서는 2D 이미지 제작에 매우 능한 체크포인트인 'MeinaMix'를 사용해 보도록 하겠습니다. 일러스트 느낌의 미소녀와 미소년 생성에 특화된 체크포인트입니다. 유저 Meina에 의해 학습되었습니다

체크포인트 다운로드가 완료되었으면 다음과 같은 설정과 프롬프트를 입력하여 붉은 머리 여자 캐릭터가 도심에 있는 이미지를 만들어보겠습니다.

- https://civitai.com/models/7240/meinamix

만화 같은 스타일의 이미지 제작에 특화된 MeinaMix

⊙ **Prompt:** red hair girl, red hoodie, city background, buildings, sunny day, portrait image

⊙ **Negative prompt:** nsfw

⊙ **Seed:** 1288447892

⊙ **Size:** 512*768

2D 일러스트 느낌의 이미지

제가 만든 이미지와 비슷한 결과물이 나왔다면, 이것을 활용해 새로운 이미지를 생성해 보겠습니다. 처음으로 활용해 볼 기능은 컨트롤넷 'Tile' 모델의 'tile_resample'입니다. 이 기능을 본격적으로 활용하기 전에 Seed를 '-1'로 설정하여 무작위 이미지가 생성되도록 준비합시다.

준비가 끝났다면 [txt2img] 탭에서 이미지를 생성해 보도록 하겠습니다. 프롬프트 및 기타 설정들은 이미지를 제작했을 때와 같은 옵션을 선택합시다. 그리고 컨트롤넷에서 Model을 [Tile], Preprocessor를 [tile_resample]을 선택한 후 붉은 머리 여성 이미지를 업로드 합니다.

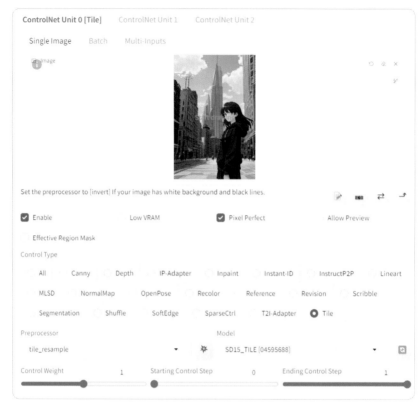

ControlNet Unit 0 [Tile]   ControlNet Unit 1   ControlNet Unit 2

Single Image   Batch   Multi-Inputs

Set the preprocessor to [invert] If your image has white background and black lines.

☑ Enable   Low VRAM   ☑ Pixel Perfect   Allow Preview

    Effective Region Mask

Control Type

    All   Canny   Depth   IP-Adapter   Inpaint   Instant-ID   InstructP2P   Lineart

    MLSD   NormalMap   OpenPose   Recolor   Reference   Revision   Scribble

    Segmentation   Shuffle   SoftEdge   SparseCtrl   T2I-Adapter   ● Tile

Preprocessor   Model

    tile_resample   ▼   ✳   SD15_TILE [04595688]   ▼   ⟳

Control Weight   1   Starting Control Step   0   Ending Control Step   1

위와 같이 컨트롤넷 옵션을 세팅하자.

Control Weight의 수치에 따라 결과물이 많이 달라질 것입니다. 우선 'Control Weight'를 '1'로 설정하여 결과물이 어떻게 나오는지 살펴보겠습니다. 'Batch Count'를 '3' 정도로 하여 다양한 결과물들을 살펴봅시다.

거의 비슷한 이미지가 생성된 것을 확인할 수 있다

생성된 이미지가 모두 같은 건물과 인물, 같은 구도와 색상이 적용되었음을 알 수 있습니다. tile_resample이라는 이름에서 예상할 수 있듯, 컨트롤넷에 업로드한 이미지를 리샘플링(값을 다시 추출)하여 새로운 이미지를 생성하는 데 사용됩니다. 컨트롤넷이 얼마나 적용될지 정하는 옵션인 'Control Weight'가 '1'이었기에 Seed 값이 똑같은 것처럼 비슷한 이미지가 생성되었습니다. 이번에는 'Control Weight'를 '0.3'으로 낮게 설정하여 이미지를 생성해 보겠습니다.

구도와 색상은 비슷하지만, 디테일이 다르게 나온다

원본과 비슷한 이미지지만 디테일이 달라지는 것을 확인할 수 있습니다. 이미지를 생성했을 때 **전체적인 구도와 느낌은 괜찮은데 세부 디테일이 다른 버전의 이미지를 보고 싶다.**'와 같은 생각을 해보신 적이 있으실 것입니다. 이럴 때 다양한 레퍼런스를 만들 수 있도록 하게끔 만드는 것이 바로 Tile의 첫 번째 활용 방안입니다.

그렇다면 Control Weight는 '0.3'으로 설정한 상태에서 프롬프트만 바꾼다면 어떻게 될까요? 다른 설정은 전부 그대로 둔 채로 프롬프트를 새롭게 바꿔보겠습니다.

⊙ **Prompt:** 1girl, temple, forest, 2d illustration

구도는 비슷하지만, 프롬프트의 영향을 받아 이미지가 달라졌다

러프한 그림을 디테일하게 표현하기

이번에는 tile resample을 활용하여 러프한 그림으로 구도를 잡고, 새로운 이미지를 만들어 보도록 하겠습니다. 필자는 그림판을 이용해 아래와 같은 밑그림을 준비하였습니다.

압도적인 드로잉 실력으로 그린 필자의 캐릭터 그림

컨트롤넷을 활용할 예정이기에 512*768 사이즈의 이미지를 준비하였습니다. 준비가 끝났다면 이미지를 컨트롤넷에 업로드 합시다. 'Control Weight'는 '0.5 ~ 0.3' 사이의 낮은 수치로 준비합시다. 이보다 높을 경우 러프한 그림과 거의 유사한 그림이 나오기 때문입니다.

컨트롤넷 옵션 준비가 끝났다면 프롬프트도 준비해 봅시다. 도심 속에 있는 판타지 남성 캐릭터를 표현하고 싶어서 다음과 같은 프롬프트를 준비했습니다. 프롬프트 입력이 끝났다면 이미지를 생성하겠습니다.

⊙ **Prompt:** blonde hair man, urban background, armor, looking at front view
⊙ **Negative prompt:** nsfw
⊙ **Size:** 512*768

러프한 그림이 구체적으로 표현되었다

밑그림과 비슷한 구도로 표현되었을 뿐만 아니라 프롬프트도 제대로 반영된 것을 확인할 수 있습니다. 캐릭터만 가능한 것이 아닙니다. 다음 사례도 살펴보겠습니다.

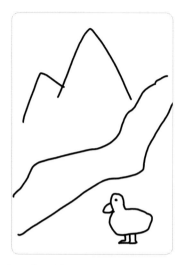

오리와 강, 그리고 산을 표현한, 세계 명화에 손색없는 그림

밑그림을 준비하였다면 컨트롤넷에 이미지를 업로드하고 프롬프트를 입력하여 풍경화를 그릴 준비를 합시다. 'Control Weight'는 스스로 조절해 가며 이미지의 차이를 비교하는 것이 실력에 도움이 됩니다. 필자는 다음과 같은 프롬프트를 입력하였습니다. 프롬프트를 입력하였다면 이미지를 생성하겠습니다.

⊙ **Prompt:** duck, duck on ground, river, mountain, sunny day

⊙ **Negative prompt:** nsfw

⊙ **Size:** 512*768

풍경화도 문제없이 표현된다

이처럼 자신이 그린 러프한 이미지를 디테일하게 만드는 것에도 활용할 수 있습니다. 결과물에 만족스러울 수 있지만 아직은 아쉽다고 느끼시는 분들도 더러 계실 것입니다. 실제로 그린 밑그림과 위치를 따져보았을 때 산과 강줄기의 위치가 정확히 같지 않은 것을 확인할 수 있습니다. 또한 백지 위에 그려진 그림을 참고하다 보니, 이미지가 살짝 하얗게 바랜 흔적들을 확인할 수 있습니다.

Tile만으로도 러프한 그림을 멋있게 바꿀 수 있지만, 이에 100% 최적화된 모델은 아닙니다. 러프한 드로잉을 디테일하게 그리는 것에 최적화된 컨트롤넷 모델의 이름은 바로 'Scribble' 모델입니다. 뒤의 파트에서 이어서 설명하도록 하겠습니다.

06. 낙서를 명화로 바꾸는 모델: Scribble

앞의 파트에서는 이미지를 컨트롤넷에 업로드하고, 'tile_resample' Preprocessor를 적용하여 이미지를 만들었습니다. 하지만 보다 명확하게 이미지를 표현하기 위해서는 낙서를 디테일한 그림으로 변환하는 데 최적화된 컨트롤넷 모델인 "Scribble(낙서)"을 사용하여야 합니다. Scribble 모델을 다운로드 받았다면, 똑같이 이미지를 업로드하고, Model은 [scribble]을, Preprocessor는 [scribble_hed]로 설정하도록 합시다. 'Control Weight'를 '0.5 ~ 0.7' 사이로 설정한 다음 이미지를 생성하겠습니다.

> ※ Control Weight를 높게 설정하여도 러프한 그림을 디테일하게 바꿔주는데 문제는 없지만, 그림을 알아보기 힘든 경우 제대로 표현하지 못하는 경우가 더러 있습니다. 필자가 업로드한 그림은 강의 구도와 원근을 애매하게 표현하였기 때문에 잘 인식이 되지 않습니다. 그렇기에 Control Weight를 0.6으로 설정하여 생성하겠습니다.

원본 이미지

⊙ **Prompt:** duck, duck on ground, river, mountain, sunny day

⊙ **Negative prompt:** nsfw

⊙ **Size:** 512*768

의도와 더욱 가까운 결과물을 얻을 수 있다

이는 인물화 또한 마찬가지입니다. 이전과 비슷하면서도 새로운 밑그림을 준비해 보겠습니다. 프롬프트는 다음과 같이 준비하였습니다.

⊙ **Prompt:** blonde hair, blue eye man, black cloth, city, man on the ground, coat, buildings, man standing

⊙ **Negative prompt:** nsfw

⊙ **Size:** 512*768

밑그림 / Scribble로 변환한 이미지 / 인페인트로 마무리한 이미지

단순 2D 이미지가 아닌, 실사 이미지 생성에 활용할 수도 있습니다. 밑그림과 프롬프트, 그리고 컨트롤넷은 유지한 채 체크포인트만 바꿔보겠습니다. 앞 Chapter에서 자주 사용한 'juggernaut reborn'으로 바꾼 뒤 이미지를 생성하겠습니다.

Scribble로 생성한 실사 이미지(좌) / Inpaint 수정한 이미지 (우)

이처럼 Scribble을 이용할 경우 러프한 그림만으로도 원하는 이미지를 어느 정도 구체화할 수 있습니다. 밑그림을 더 잘 그린다면, 명확하게 인식하여 이미지를 표현하기 때문에 그림을 잘 그릴수록 효율적으로 사용가능한 컨트롤넷입니다.

07. 새로운 그림을 추가하는 모델: Inpaint

지금까지는 [img2img] 탭에서 'Inpaint'를 설정하여 작업을 진행하였습니다. 하지만 [img2img] 탭에만 'Inpaint'가 있는 것이 아니라, **컨트롤넷 모델에도 'Inpaint'가** 존재합니다. 어떤 기능을 할 수 있는지 살펴보도록 합시다.

먼저 Inpaint 컨트롤넷 모델을 적용하기 위한 예시용 이미지를 만들어보겠습니다. 이번에는 카우보이 관련 이미지를 만들어보도록 하겠습니다. 이미지를 생성한 후에, 인페인트로 디테일을 살린 이미지를 활용해서 진행하도록 하겠습니다.

> ⊙ **Prompt:** cowboy man, cowboy, sunset, portrait of cowboy, western village
> ⊙ **Negative prompt:** nsfw
> ⊙ **Seed:** 3878420302
> ⊙ **Size:** 512*768

 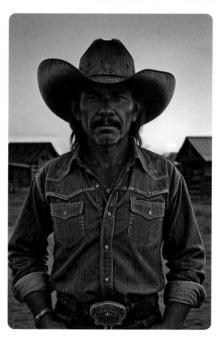

프롬프트로 생성한 이미지 (좌) / 인페인트로 수정한 이미지 (우)

그럴싸한 카우보이 이미지가 완성되었군요. 하지만 512*768 이미지로 제작되었기에 배경이 좁아서 아쉽다는 느낌도 듭니다. 가로가 1024 Pixel로 넓어지고 뒤의 배경을 더 생성할 방법이 없을까요?

이럴 때 활용할 수 있는 컨트롤넷 모델이 바로 Inpaint입니다. **이 기능을 활용하기 위하여 [Inpaint] 탭이 아닌 [txt2img] 탭으로 이동하도록 하겠습니다.**

현재 이미지는 512*768로 설정되어 있습니다. 가로를 두 배로 늘리고 싶으니, Size를 1024*768로 바꾸겠습니다. 그 후 컨트롤넷 탭에 생성한 카우보이 이미지를 업로드 합니다. Preprocessor는 [inpaint_only+lama]를 Model은 [inpaint]를 선택합니다. 이때 가장 중요한 것은 바로 **[Resize and Fill] 옵션**을 선택하는 것입니다.

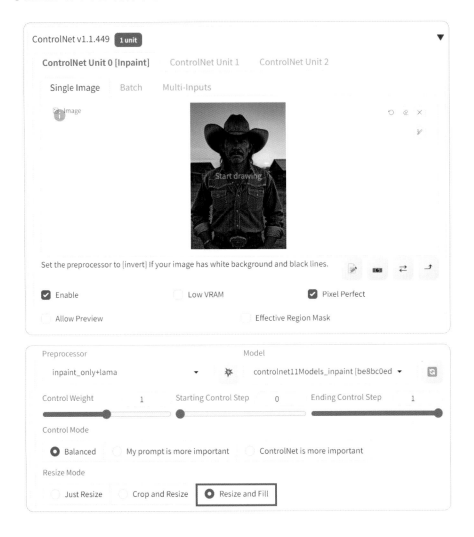

[Resize and Fill] 옵션은 말 그대로 사이즈를 조절(Resize)하고 새로운 이미지로 채운다(Fill)는 뜻입니다. 원본 이미지를 새로운 이미지의 사이즈에 맞출 때 기존 이미지가 새로운 이미지보다 작을 경우 남은 영역에 원본 이미지를 참고한 새로운 이미지를 생성합니다. 설정이 모두 끝났다면 이미지를 생성해 보고 결과물을 살펴봅시다.

마을의 배경이 생성된 모습

이미지가 가로로 길어지면서 마을 배경도 생성된 것을 확인할 수 있습니다. 하지만 새로 생긴 부분이 마치 자로 대고 그린 것처럼 어색한 것을 확인할 수 있습니다. 이러한 문제는 지금까지 해왔던 것처럼 [Inpaint] 탭으로 옮긴 뒤 수정해 주면 문제없습니다.

디테일을 다듬는 것만으로 좋은 이미지가 완성된다

세로 이미지도 마찬가지입니다. 현재 이미지가 1024*768 사이즈이기 때문에 남자의 하반신이 그려지지 않았습니다. 하반신을 채워 넣기 위해 1024*1536 Pixel의 이미지로 늘려보도록 하겠습니다. 이전과 같은 옵션을 유지한 채, 이미지 사이즈만 조절하면 됩니다.

세로로 추가된 이미지 (좌)/ 인페인트로 수정한 이미지 (우)

이처럼 Inpaint 모델을 이용하면, 이미지 밖을 새롭게 그리는(Outpaint) 것 또한 가능합니다. 그뿐만 아니라 Inpaint 모델을 활용하여 주변 배경과 더 조화롭게 인페인팅을 하는 것도 가능합니다. 하지만, 이 기능은 멀티 컨트롤넷에 대한 개념이 필요하니, 자세한 예제는 컨트롤넷 응용 파트에서 설명하겠습니다.

08. 사람의 포즈를 정하는 모델: OpenPose

스테이블 디퓨전을 조금 아시는 분들은 이 책을 펼치고 나서 언제쯤 OpenPose가 등장할까 궁금하셨을 것입니다. 컨트롤넷 모델 중에서도 가장 인기가 많은 모델이며 사람 이미지를 만들 때 활용도가 큰 모델에 대해 알아보겠습니다. **'OpenPose(오픈포즈)'는 사람의 포즈를 원하는 대로 정하게끔 도와주는 모델입니다.** 기능을 정확하게 살펴보기 위하여 512*768 Pixel 사이즈의 사람 전신 이미지를 준비해 보겠습니다. 그리고 Model은 [openpose]를, Preprocessor는 [openpose_full]을 적용한 후에 미리보기로 어떻게 적용되는지 살펴봅시다.

원본 이미지에서 머리, 몸통, 관절, 손발 등을 인식한다

원본 이미지에 인물이 있으면 해당 인물의 머리, 몸통, 관절, 손발 등을 인식하는 모델입니다. 이 모델을 활용하여 다양한 인물을 효과적으로 제작할 수 있습니다. 'OpenPose_full'의 경우 눈, 코, 입의 위치까지 정확하게 파악하기 때문에 세밀한 작업이 필요한 경우 사용하기에 용이하지만, 많은 시간이 소요됩니다. 손만을 인식하는 'openpose_hand'나 얼굴을 중점적으로 인식하는 'openpose_face', 혹은 대략적인 인체 골조를 인식하는 'openpose'와 같이 일부만을 인식하는 Preprocessor 모두 활용성이 높으며 적절한 사용으로 시간을 단축할 수 있습니다.

Preprocessor [openpose]를 적용하여 이미지를 생성하겠습니다. 원 이미지가 남성이니 반대로 요가하는 여성으로 만들어 보겠습니다.

⊙ **Prompt:** 1girl, yoga clothes, training room
⊙ **Size:** 512*768
⊙ **Control Weight:** 1

인식한 포즈와 똑같은 결과물을 만들어준다

이처럼 OpenPose를 활용하여 이미지를 제작한다면 원하는 자세를 쉽게 만들 수 있습니다. 포즈와 프롬프트만 정한다면 자유롭게 이미지 제작이 가능하니 상상에 제한을 두지 않고 이미지를 제작해 봅시다.

⊙ Prompt: 1girl, black coat, black pants, winter

⊙ Prompt: robot, cyberpunk style, futuristic city

⊙ Prompt: cowboy, desert, realistic, photorealism

포즈는 유지하되 프롬프트만 바꿔서 자유롭게 생성한 이미지

09. 컨트롤넷 응용: 3D 인형을 활용하기

다양한 디자인툴을 병행하기

컨트롤넷을 사용하면 실제 사진으로 포즈를 인식하거나, 자신이 그린 그림으로 인식이 가능하기 때문에 활용 방법이 매우 다양합니다. 하지만 매번 사진을 찾거나 그림은 그리는 것도 쉬운 일은 아닙니다. 대량의 포즈가 필요할 때 가장 편한 방법은 **3D 데생 인형을 활용하여 인물의 동작을 조절하는 것입니다.**

그중에서도 클립 스튜디오의 3D 에셋을 활용하는 것은 기존 웹툰 지망생들이나 작가들이 많이 사용하는 방식입니다. 3D 에셋의 활용이 어렵다면, 책의 내용을 따라하기 위해서 직접 촬영한 이미지를 사용해도 좋습니다.

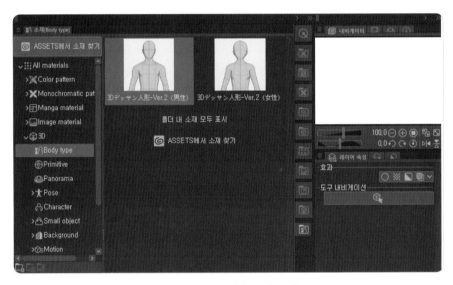

다양한 에셋을 활용하여 제작 효율을 높일 수 있는 Clip Studio

물론 스테이블 디퓨전의 추가 확장 기능(OpenPose Editor)를 해도 대략적인 구도를 설정할 수 있습니다. 하지만 스테이블 디퓨전이 포토샵과 블렌더와 같은 디자인 툴의 완벽한 대체제가 아니듯이, 확장 기능이 3D 데생 인형의 활용을 완벽히 대체하지는 못합니다. 실무에서 AI를 완벽하게 활용하는 디자이너는 절대 AI만 사용하지 않습니다.

이 책은 AI 기술만을 맹목적으로 활용하는 것이 아니라, 기존 업무에 최적화된 디자인툴을 적절히 병행하여 최적의 솔루션을 진행하는 것이 목적입니다. 그렇기에 입체적이고 다양한 구도의 AI 모델을 만들고 싶은 입문자(특히 만화가 지망생)라면 3D 데생 인형이나 다른 툴을 병행하는 것이 가장 효율적이라고 확실하게 말씀드릴 수 있습니다.

클립 스튜디오의 무료 3D에셋을 활용하여 이미지를 제작해 보겠습니다. 사용법이 매우 간편하기 때문에 이 기능을 활용하는 것을 추천드립니다. 또한 월간 정액 가격이 저렴하여 여유가 된다면 맛보기로 이용하는 것도 좋습니다. 이 책에서는 스테이블 디퓨전의 기능 및 활용에 대한 설명 위주로 진행하도록 하겠습니다.

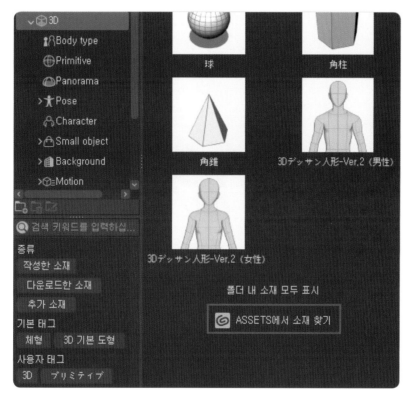

'ASSETS에서 소재 찾기'를 통해 에셋을 추가할 수 있다

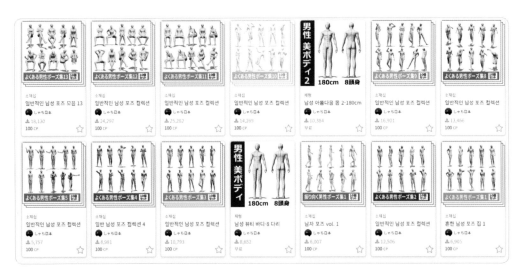

저렴한 가격이나 무료로 3D 데생 포즈/인형을 이용할 수 있다.

3D 데생 인형을 활용해 만든 축구 슛 포즈 (768 * 512)

원하는 이미지를 만들었거나, QR코드를 통하여 다운로드 했다면, ‘dw_openpose_full’ Preprocessor를 적용하여 768*512 사이즈의 이미지를 제작하겠습니다.

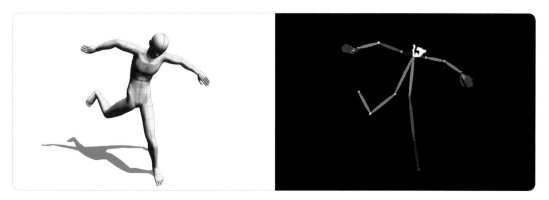

사용한 이미지와 컨트롤넷 dw_openpose_full 적용

얼핏 3D 데생 인형과 자세가 비슷하지만, 전체적인 동작이 무너진 모습을 볼 수 있습니다. 심지어 발이 생성이 안 되는 경우도 많습니다. 이는 'dw_openpose_full'이 인식하는 영역이 얼굴, 몸, 팔, 다리와 손가락에 집중되어 있기 때문입니다.

그렇다면 앞의 3D 데생 이미지를 'depth_midas'를 적용하여 제작한다면 어떨까요? 공간감을 인식한다면 오른쪽 다리의 오류를 줄여주고 발도 생성할 거라는 생각이 듭니다.

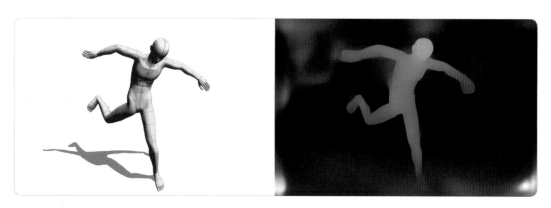

사용한 이미지와 컨트롤넷 depth_midas, 그리고 결과물

신체의 구조는 비슷하게 표현되었습니다. 하지만 옷이 3D 데생 인형과 똑같이 제작되어 타이트하게 붙어버렸고, 배경도 빈공간으로 생성되어 어색하고 부적절한 이미지가 되었습니다.

그렇다면 OpenPose의 장점과 Depth의 장점을 동시에 적용할 수 있다면 어떨까요? 다음 파트에서는 **동시에 두 가지 이상의 컨트롤넷을 응용하는 고급 테크닉인 멀티 컨트롤넷**을 설명하도록 하겠습니다.

단일모델의 한계를 뛰어넘는 멀티 컨트롤넷

멀티 컨트롤넷을 활성화하는 법은 매우 간단합니다. 컨트롤넷을 사용할 때 우리는 Controlnet Unit 0에 이미지를 업로드하고 [Enable]을 체크하여 활성화합니다. 여기에 추가적인 컨트롤넷을 사용하려면, 또 다른 Unit인 Controlnet Unit1에도 이미지를 업로드하고 [Enable]을 눌러 활성화하면 끝입니다.

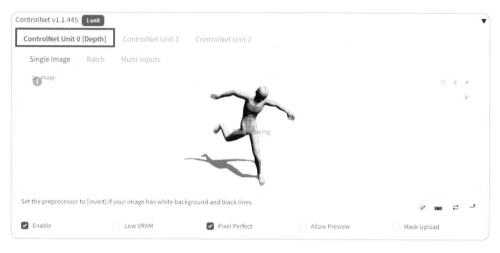

우리가 지금까지 업로드 한 곳은 Controlnet Unit 0

두 번째 컨트롤넷을 활성화한 모습

ControlNet Unit 0과 1에 이미지를 업로드하면 준비가 거의 끝났습니다. 이제 세부 설정을 준비해 봅시다. ControlNet Unit 0에서는 [Depth] 모델을 사용할 예정입니다. 그리고 Preprocessor는 [Depth_Midas]로 설정해 주세요. 가장 중요한 설정은 'Control Weight'를 '0.3 ~ 0.5' 정도로 낮게 설정하는 것입니다.

ControlNet Unit 0 Depth의 세부 설정

Depth_Midas를 사용하는 가장 큰 이유는 세부 디테일을 반영하지 않고, **3D 데생 모델 신체의 입체감을 러프하게 반영하기 위해서입니다.** Control Weight를 높게 설정할 경우 3D 데생 모델을 그대로 반영하기 때문에 꽉 끼는 축구 유니폼이 생성될 것입니다. 반면에 Control Weight를 낮추면 AI가 최소한의 컨트롤넷을 반영하되 자유롭게 그릴 수 있습니다.

ControlNet Unit 1에서는 [OpenPose] 모델을 사용할 예정입니다. 그리고 Preprocessor는 [dw_OpenPose_full]로 설정해 주세요. Unit1의 OpenPose의 경우 'Control Weight'를 '0.9 ~ 1'로 설정하여 동작을 그대로 따라하게끔 합시다.

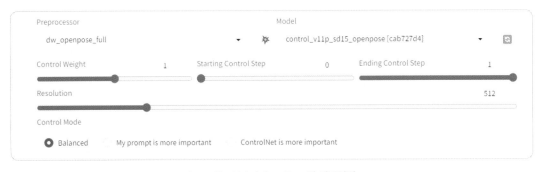

ControlNet Unit 1 OpenPose의 세부설정

참고로 Unit 0과 1의 순서는 중요하지 않기 때문에 Unit 0에 OpenPose를 설정하고 Unit 1에 Depth를 설정하여도 상관없습니다. 중요한 것은 Control Weight의 값을 몇 퍼센트 정도 반영할 것인지, 그리고 Preprocessor를 무엇으로 설정하느냐입니다.

설정이 마무리되었으면 Generate 버튼을 눌러 이미지 생성이 어떻게 되는지 함께 살펴봅시다.

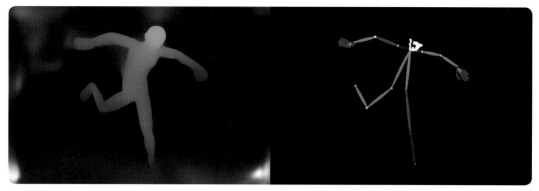

두 가지의 컨트롤넷이 동시에 반영되어 생성된 이미지

제작된 과정은 다음과 같습니다.

① dw_openpose_full의 Control Weight를 1로 설정하여 얼굴, 몸, 관절 등의 위치를 정확하게 구현
② depth_midas의 Control Weight를 0.35로 설정하여, AI가 입체감을 러프하게 참조
③ 이 두 가지의 컨트롤넷을 결합한 뒤 AI가 두 Preprocessor의 결과를 반영하여 생성

3D 데생 인형과 비교하였을 때, 자세를 정확하게 구현하고 있습니다. 얼굴과 신체 디자인의 디테일은 인페인트로 보완 가능하니 이 정도면 목적을 이뤘다고 볼 수 있습니다.

스테이블 디퓨전 최신버전을 설치하였다면 기본적으로 ControlNet Unit 0, 1, 2 총 세 개의 유닛이 표시됩니다. 그러나 구버전을 그대로 이용하는 경우 UI가 다르게 표시되는 경우가 있습니다. ControlNet Unit이 하나라면 UI 변경을 위해 설정을 바꾸겠습니다.

우선 상단의 [Settings] 탭을 누릅시다. 그다음, 컨트롤넷을 설정하기 위하여 좌측 탭에서 Controlnet이라고 적힌 항목을 찾아서 클릭합시다. Ctrl + F를 누른 후 Controlnet을 입력한다면 찾기 쉽습니다.

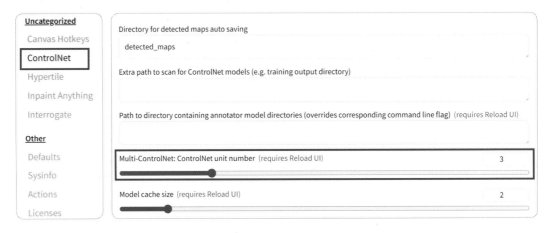

[Settings] 탭의 아래에 있다. Multi-ControlNet: ControlNet Unit number 옵션을 주목하자

'ControlNet unit number'의 값이 컨트롤넷을 동시에 사용할 수 있는 최대 수치입니다. 만약 1로 설정되어 있다면 3으로 설정하여 멀티 컨트롤넷을 사용할 수 있도록 하겠습니다.

설정이 완료되었다면 Apply and Restart UI를 눌러 옵션을 반영합시다. (혹은 Webui를 다시 실행해도 좋습니다.)

컨트롤넷을 활용한 인페인팅

이제 인페인트로 이미지를 옮겨서 디테일을 수정하도록 하겠습니다. Inpaint에서 컨트롤넷을 사용하면 업로드한 이미지의 구도를 유재한 채로 디테일을 수정할 수 있습니다. 팔레트 모양의 버튼을 누르면 간단하게 옮길 수 있습니다. 이때 컨트롤넷 설정값도 그대로 옮겨지니 유의하도록 합시다.

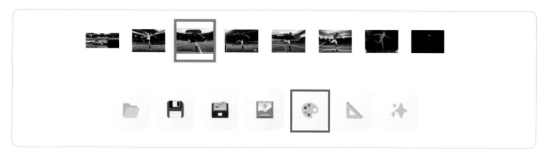

txt2img에서 생성한 이미지를 바로 인페인트로 옮겨주는 팔레트 모양의 버튼

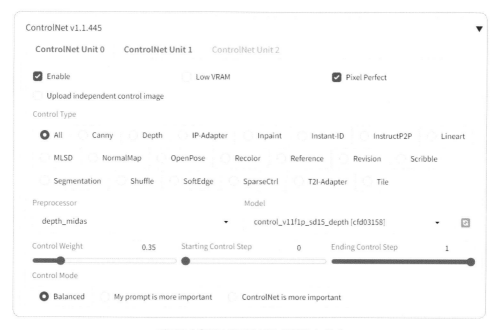

컨트롤넷 옵션도 옮겨진 것을 확인할 수 있다

img2img는 txt2img와 다르게 기본적으로 이미지를 업로드하는 창이 있습니다. 그렇기 때문에 컨트롤넷에서 축구선수 이미지가 아닌, 별개의 이미지를 사용하려면 [Upload Independent control image]를 체크해야 합니다. [Upload Independent control image]를 체크한 후 3D 데생 모델을 업로드하여 밑그림으로 사용하겠습니다.

또한 하나의 컨트롤넷을 사용할 것이기 때문에 ControlNet Unit 1은 [Enable]을 해제하겠습니다. 이후 [OpenPose] Model과 [dw_openpose_full] Preprocessor를 설정하고, 'Control Weight'를 '0.8'로 설정하여 원본 이미지의 포즈를 유지한 채로 인페인트 하겠습니다.

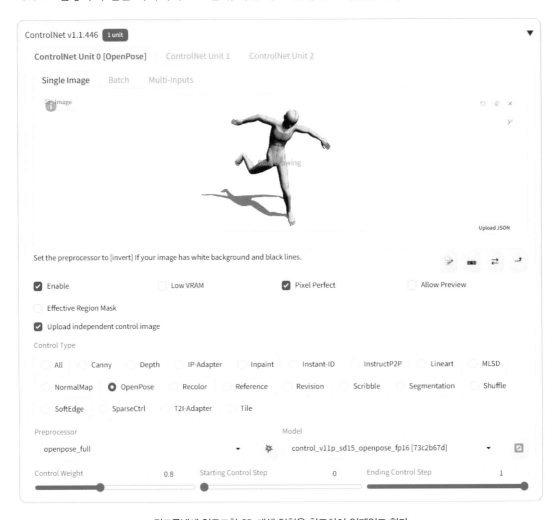

컨트롤넷에 업로드한 3D 데생 인형을 참조하여 인페인트 한다

컨트롤넷 설정이 끝났으면 디테일을 수정하기 위하여 Masked content는 [original], Inpaint area 는 [Only masked]를, 'Denoising strength' 설정값은 '0.45 ~ 0.55' 정도에서 자유롭게 변화를 주 며 인페인트해 봅시다.

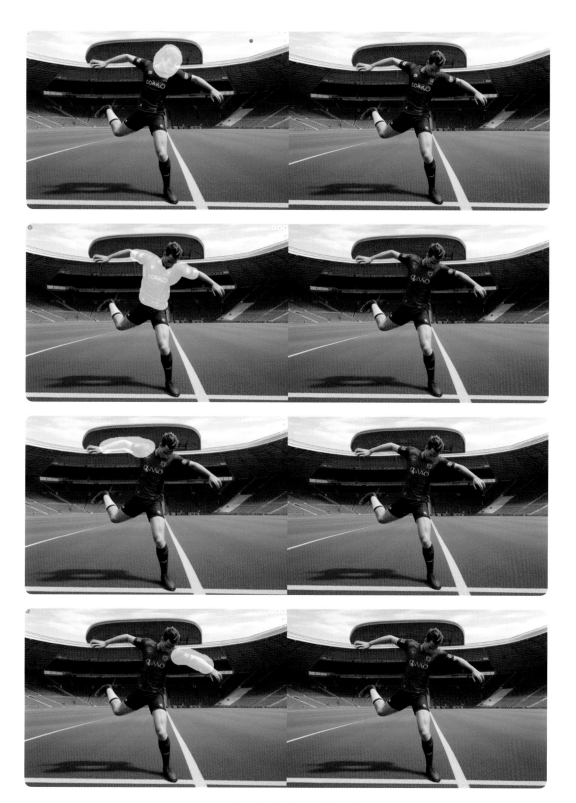

머리, 몸, 팔을 따로따로 인페인트 한다

인페인트 최종 결과물

상체는 어느 정도 수정되었지만, 아직 하반신과 손이 남아있습니다. 우선 하체를 먼저 살펴봅시다. 가장 문제가 되는 부분은 바로 오른쪽 무릎이 접히는 부분입니다. 'OpenPose'로 인페인트 할 경우 공간감이 제대로 인식되지 않아 관절이 이상하게 연결될 수 있습니다.

인페인트하기 가장 애매한 부분 (복잡한 자세)

3D 데생 인형의 공간감을 정확하게 반영할 수 있도록 컨트롤넷의 이미지는 그대로 유지한 채로, 이 번엔 모델을 [Depth]로 바꿔준 뒤 [Depth_Midas]를 사용하여 수정하겠습니다. 'Control Weight' 는 '0.3 ~ 0.5'로 수정합시다.

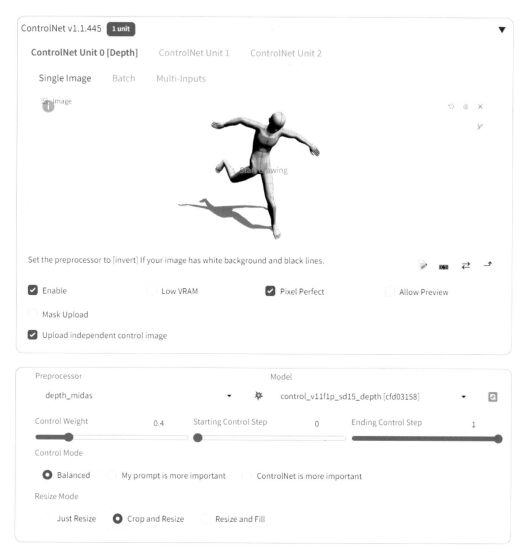

하체의 입체감을 인식할 수 있도록 컨트롤넷의 옵션을 다음과 같이 설정

옵션 설정이 끝났다면 하반신을 전체적으로 마스크하여 인페인트 작업을 준비해 봅시다. 필자는 발을 제외한 다리만을 인페인트 하도록 하겠습니다.

다리 인페인트 과정과 결과물

오른쪽 무릎과 종아리가 원하는 구도대로 자연스럽게 연결되었으며 전체적으로 퀄리티가 향상되었습니다.

Q 왜 신발은 인페인트 하지 않았나요?

A 현재 컨트롤넷에 업로드된 3D 데생 인형이 맨발이기 때문에, 컨트롤넷이 인식하지 못한 부분은 인페인트 하더라도 신발이 제대로 생성되지 않습니다.

그렇기 때문에 이번엔 컨트롤넷 옵션에서 **'Upload independent control image'을 비활성화한 뒤 인페인트 하겠습니다.** 비활성화할 경우 3D 데생 인형이 아닌 img2img에 업로드된 축구선수 이미지를 대상으로 컨트롤넷을 적용합니다. 현재 이미지에서 [depth_midas]를 적용한다면 입체감은 인식하되, 인형의 발가락이 아닌 축구화의 입체감을 인식하여 인페인트를 하는 데 큰 도움을 줄 것입니다.

이해가 어렵다면 직접 따라 해보는 것이 가장 좋습니다. 축구화를 잘 인식할 수 있도록 soccer shoes 프롬프트를 추가하고 인페인트 해봅시다.

왼발 인페인트 / 결과물

가장 큰 문제였던 왼쪽 축구화가 훨씬 자연스러워졌습니다. 디테일을 챙겼으니, 이번엔 양말과 신발을 같은 것으로 통일하기 위하여 왼쪽과 오른쪽 모두 마스크를 칠한 뒤 새로 생성하도록 합시다.

같은 양말, 신발을 입히기 위하여 동시에 마스크를 입힌다.

새로운 이미지를 생성하는 옵션인 [Original - Whole picture]를 설정합니다. 그리고 원래 색에서 벗어나서 생성하도록 'Denoising strength'를 '0.85'로 설정하였습니다.

컨트롤넷은 마스크한 신발, 양말의 위치와 공간감을 그대로 유지하기 위하여 선수 이미지를 참조하겠습니다. [depth_midas] Preprocessor를 적용하고 자유로운 이미지를 생성하기 위하여 'Control Weight'를 '0.8'로 설정하였습니다.

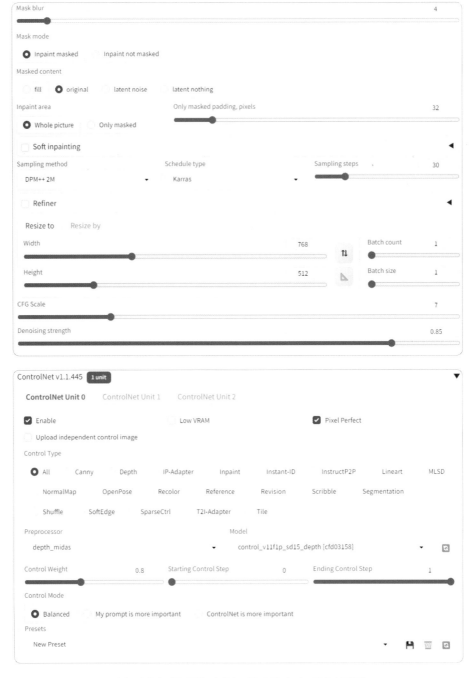

신발, 양말 수정을 위한 인페인트 설정(상)과 컨트롤넷 설정(하)

마지막으로 프롬프트 black soccer shoes, red socks를 추가하였습니다. 모든 설정이 끝났으면 이미지를 생성합시다.

양말과 신발을 1차로 수정한 모습

이제 신발과 양말의 디테일을 더 하는 작업만 남았습니다. [only masked - original] 옵션을 설정하고 'Denoising strength'는 '0.45~0.5' 정도로 설정합시다. 컨트롤넷은 그대로 유지하셔도 좋습니다. 왼발과 오른발을 각각 따로 인페인트 하겠습니다.

양말과 신발을 2차로 수정한 모습

대부분의 이미지가 완성되었지만, 여러분이 제일 궁금해하시는 것이 하나 남았습니다. 바로 손가락을 수정하는 일이지요. 다음 파트에서는 Depth 모델의 [depth_hand_refiner] Preprocessor와 [Inpaint] 모델을 같이 활용하여 의도대로 손가락을 바꿔 보겠습니다.

depth hand refiner를 활용한 손 수정

OpenPose를 활용하여 손가락을 수정하는 것도 가능하지만, Depth 모델 파트에서 배웠던 [depth_hand_refiner] Preprocessor를 사용하여 간편하게 손을 수정하겠습니다.

그러나 이전과 똑같은 방법으로 수정할 경우 안 좋은 결과가 나올 수도 있습니다. 인페인트 옵션을 설정하기 전에 먼저 컨트롤넷을 설정하고 폭탄 버튼을 눌러 손을 어떻게 인식하는지 확인하여 봅시다.

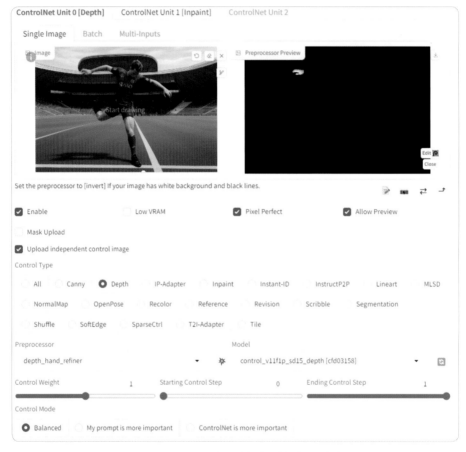

depth_hand_refiner가 어떻게 작동하는지 주목하자

두 손을 모두 인식해야 하지만, 컨트롤넷은 오른손만 인식한 것을 확인할 수 있습니다. 손의 크기가 작기 때문에 잘못된 결과가 나온 것입니다. 자주 생기는 일은 아니지만 이런 경우 [Only masked]를 설정하고 직접 마스크를 씌워 인페인팅을 한다면 왼손을 정확히 인식할 수 있습니다.

Only masked를 설정하고 왼손만 마스크해 보자

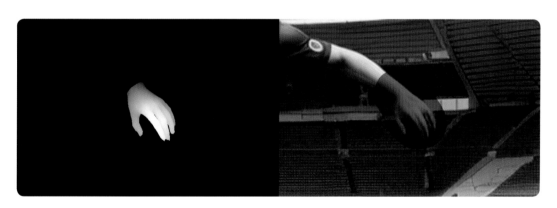

이미지 생성 버튼을 누르면, 마스크 칠한 부분이 인식된다

손이 인식됐다면 수정에 들어가기에 앞서, 이전에 배운 Inpaint Model의 [Inpaint_global_harmonious] Preprocessor를 멀티 컨트롤넷으로 사용해 자연스러운 이미지를 생성하겠습니다. (이미지를 수정하는 Inpaint 기능과 헷갈리지 않도록 합시다.)

인페인트로 이미지를 수정할 때 주변 배경도 함께 마스크가 씌워진 경우, 마스크 된 대상과 주변 배경이 함께 변하면서 이질감이 들 경우가 있었을 것입니다. 이럴 때 'Inpaint_global_harmonious' 컨트롤넷을 사용하면 인페인트의 결과물이 더욱 일관적인 결과를 생성하도록 도와줄 수 있습니다.

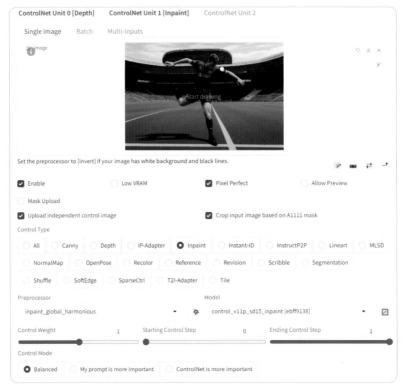

ControlNet Unit 1에 Inpaint_global_harmonious를 추가로 설정한다

Inpaint_global_harmonious를 필수적으로 사용할 필요는 없지만, 사용하지 않는 것과 차이가 날 테니 직접 비교해 보는 것도 좋습니다. 멀티 컨트롤넷도 설정하였다면 인페인트 옵션까지 마무리하고 이미지를 생성합시다.

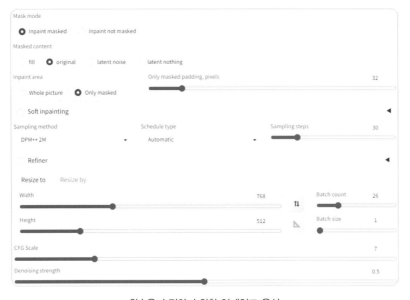

왼손을 수정하기 위한 인페인트 옵션

수정된 왼손의 모습

왼손이 수정되었다면 오른손도 수정하겠습니다. 오른손의 경우 컨트롤넷이 올바르게 인식하기 때문에 별도의 마스크를 씌울 필요가 없습니다.

오른손 이미지가 올바른 모양으로 인식되는 모습

수정 결과

손가락이 보다 확실하게 수정된 것을 확인할 수 있습니다. 다만 일반적인 수정 방법인 [Whole picture]가 아니라 [only masked]를 사용했기 때문에 손과 다른 부위와의 괴리감이 느껴질 수 있습니다. 앞에서 배운 내용들을 토대로 부족한 디테일들을 수정하고 축구공을 추가하여 이미지 생성을 마무리합시다.

3D 데생 인형 / 인페인팅 전 / 인페인팅 후

최종 결과물을 만들기 위해서 별다른 포토샵이나 다른 툴을 사용하지 않고, 책의 앞부분 내용들만 활용하더라도 좋은 이미지를 생성할 수 있습니다. 만약 이 결과물을 만드는 것이 너무 어렵다고 해도 걱정하실 필요 없습니다. Chapter 06의 응용 예제 파트에서 보다 상세하게 설명해 두었기 때문에 천천히 따라 하셔도 좋습니다.

10. 오브젝트를 참고하여 제작하는 모델: IP-Adapter

IP-Adapter는 업로드한 오브젝트나 구도, 옷, 헤어스타일, 심지어는 얼굴 등을 참조, 복사하여 이미지를 생성하는 매우 유용한 모델입니다. 원하는 결과물을 얻을 수 있기 때문에 여러 방면에서 활용되며 광고나 디자이너 업계에서 고객의 요구사항을 들어주기에 용이합니다.

다만 이 모델은 멀티 컨트롤넷의 개념을 알아야 할 뿐만 아니라, 'Inpaint 컨트롤넷 모델'에 대해 이해하고 있어야 100% 활용 가능한 응용 모델입니다. 또한 Preprocessor 별로 사용 방법이 각자 다르고, 기능이 지속적으로 추가되고 있기 때문에 이 책에서는 가장 범용적인 기능을 살펴보겠습니다.

IP-Adapter를 컨트롤넷에서 사용하기 위하여 아래의 링크에서 모델을 다운로드합니다. SD1.5를 사용하시는 분은 models를 SDXL유저는 sdxl_models를 클릭한 뒤 IP-Adapter 모델을 다운받으시면 됩니다.

참고로 ip-adapter라고 적힌 파일보다 ip-adapter-plus라고 적힌 파일이 보다 효과적이기 때문에, plus가 붙어 있는 파일을 다운로드 받도록합시다. 필자는 빠르게 이미지를 수정하기 위하여 sdxl가 아닌 일반 체크포인트를 사용하고, 'ip-adapter-plus_sd15'라고 적힌 모델을 사용하도록 하겠습니다. 모델을 다운로드 한 후 [webui 〉 extensions 〉 sd-webui-controlnet 〉 models] 폴더로 옮기면 준비는 끝났습니다.

- https://huggingface.co/h94/IP-Adapter/tree/main

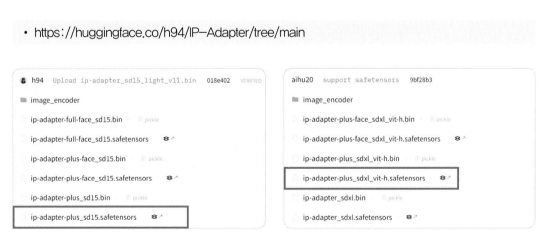

plus가 들어간 모델을 다운받는다

IP-Adapter 모델을 활용할 준비가 되었다면 곧바로 진행하겠습니다. 다음과 같은 프롬프트를 입력하여 예시 이미지를 제작하겠습니다. 필자는 본격적으로 컨트롤넷을 활용하기 전에, 인페인트로 디테일을 다듬은 다음 진행하도록 하겠습니다.

- ⊙ **Prompt:** asian 1man, wearing white shirts, wearing short pants, empty background, realistic, high quality, man standing, looking at viewer, front view, white shoes,

- ⊙ **Negative prompt:** nsfw, bad quality

- ⊙ **Seed:** 3789526177

- ⊙ **Size:** 512*768

프롬프트로 생성한 이미지(좌) / 인페인팅을 마친 이미지 (우)

기존 AI의 경우 아무리 프롬프트를 정교히 작성하더라도 생성되는 옷에 무작위성이 적용되었습니다. 그렇기 때문에 원하는 결과물이 나올 때까지 계속해서 프롬프트를 조정하거나, 지루한 생성을 반복하거나, 완성된 결과물에 추가적인 수정이 필요했습니다. 하지만 IP-Adapter를 이용한다면, 간단한 방법으로 원하는 디자인과 매우 유사한 결과물을 생성할 수 있습니다.

남성에게 옷을 입히기 위해 마음에 드는 이미지를 준비하겠습니다.

원하는 옷의 이미지를 다운로드한다

이제 남성에게 야구 재킷을 입히기 위하여 인페인트 항목으로 이동하겠습니다. 앞에서 언급한 이미지 자체를 프롬프트로 사용할 예정이기 때문에 **Prompt를 공란으로 두셔도 됩니다.** 다만 네거티브 프롬프트는 그대로 유지하도록 합시다. 상의 옷을 입힐 예정이기 때문에 상반신을 위주로 마스킹해 봅시다.

간단한 마스크만으로 충분하다

기존에는 [Fill]과 [Original]의 구분이 매우 중요하였습니다. 하지만 IP-Adapter에서는 업로드한 이미지를 구현하는 것을 기본으로 하기 때문에 어떤 옵션을 선택하더라도 구현되는 이미지는 같습니다. [Whole Picture]를 선택한 뒤 'Denoising strength'를 '0.7~0.9' 사이로 설정하겠습니다. Denoising strength값이 커야 이미지에 변화가 생깁니다.

디노이징 스트렝스값을 크게 설정하자.

다음은 컨트롤넷 설정창입니다. [Upload independent control image] 버튼을 클릭하고 다운로드한 옷 이미지를 업로드합시다. Preprocessor는 [ip-adapter-auto]를, Model은 다운받은 [ip-adaper-plus]를 선택합시다.

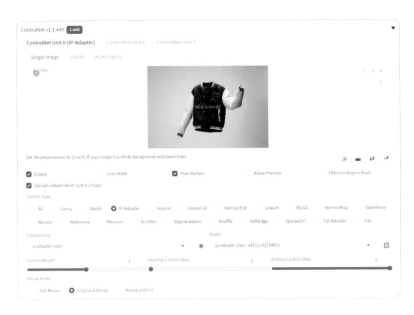

옷을 업로드하고 Preprocessor와 Model을 설정

다음은 두 번째 컨트롤넷 설정창입니다. Inpaint 컨트롤넷 모드를 멀티로 사용할 예정입니다. Preprocessor는 [inpaint_global_harmonious]를, Model은 [inpaint] 모델을 선택합시다. 만약 **Inpaint 모델을 함께 사용하지 않으면 합성이 자연스럽지 않을 가능성이 높습니다.**

Inpaint 모델을 동시에 사용하자

IP-Adapter 컨트롤넷과 Inpaint 컨트롤넷 설정이 모두 끝났다면 이미지 생성 준비가 다 되었습니다. [Generate] 버튼을 눌러 이미지를 생성해 봅시다.

업로드한 옷이 입혀졌다

가슴에 있는 알파벳 S뿐만 아니라 어깨선의 위치, 그리고 손의 소매 부분의 색까지 정확하게 구현이 되었음을 알 수 있습니다. 별도의 데이터 학습 없이 오직 사진 한 장 만으로도 일관성 있는 결과물을 만들게 되었습니다.

컨트롤넷의 옵션을 유지한 상태에서 인페인트의 설정창을 [Original - Only Masked]로 설정하여 디테일을 다듬어봅시다. 'Denoising strength'는 '0.4 ~ 0.6' 사이에서 설정하겠습니다. 의도에 따라 결과물은 세부적으로 달라질 수 있지만, 직접 해보며 자신의 이미지에 맞는 설정을 찾아봅시다.

간단한 수정으로 훨씬 좋은 이미지가 되었다

IP-Adapter 모델을 이용하면 옷뿐만 아니라 얼굴이나 헤어스타일도 바꿀 수 있습니다. 또한 다른 디자인 툴을 병행하면 더욱 좋은 효과를 얻을 수 있습니다. 자세한 내용은 Chapter 06의 제품 모델 제작에서 설명하겠습니다.

이로써 실용적인 컨트롤넷 기능은 거의 살펴보았습니다. 앞에서 설명한 기능들과 컨트롤넷을 병행하는 것만으로도 멋진 이미지들을 자유롭게 제작할 수 있습니다. Chapter 05에서는 컨트롤넷은 아니지만 아직 설명하지 못한 스테이블 디퓨전의 중요한 기능을 몇 가지 알아보겠습니다.

CHAPTER

05

주요 기능

01. Extras

업스케일이라는 단어를 들어보신 적 있으신가요? 업스케일이란 픽셀 사이에 새로운 픽셀을 추가하여 이미지의 해상도를 높이고 크기를 키우는 작업입니다.

Chapter 02의 Hires.fix 파트에서 업스케일링을 위해서 Hires.fix를 사용하는 것은 좋지않다고 이야기했었죠. 스테이블 디퓨전에서는 Hires.fix를 사용하지 않아도 간단하게 고퀄리티의 업스케일링이 가능합니다. 먼저 Webui 상단의 [Extras] 탭을 눌러봅시다.

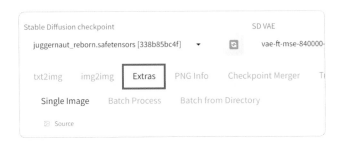

Extras 탭을 사용하여 이미지의 크기를 키울 수 있다.

사용법은 매우 간단합니다. 해상도를 높이고자 하는 이미지를 업로드한 뒤 [Generate] 버튼을 누르면 끝입니다. 하지만 좀 더 뛰어난 결과물을 얻기 위해선 선택해야 하는 것이 있습니다. 바로 어떤 업스케일러를 설정하는 것입니다. 체크포인트를 고르는 것과 같다고 생각하면 이해하기 편합니다.

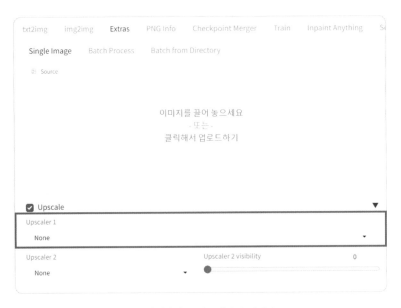

업스케일러의 종류는 하나가 아니다

Lancznos, Nearest, ESRGAN 4x, R-ESRGAN 4x 등 다양한 모델이 있는 것을 확인할 수 있습니다. 기본적으로 설치되어 있는 모델을 활용해도 괜찮지만, 세부적인 묘사가 필요한 실사 이미지에서는 다소 아쉬울 수 있습니다.

세세한 머리카락과 피부 디테일이 조금 아쉽다

좌측의 이미지는 1024*1024 사이즈로 제가 생성한 이미지이고, 우측은 4배로 확대해서 만든 이미지입니다. 이 이미지들을 그냥 살펴보았을 때는 별문제가 없다고 느껴질 수 있지만, 확대하여 살펴보면 머리카락과 피부의 색감이 조금 뭉개진 것을 확인할 수 있습니다.

하지만 매일 새로운 체크포인트가 출시되는 것처럼, 업스케일러도 수많은 개발자에 의해서 새롭게 개발되고 있습니다. 체크포인트를 추가하는 것처럼 업스케일러도 다운로드해 보겠습니다. 이름은 4x_NMKD-Siax_200k로, 이미지가 흐릿해지지 않고 디테일들을 그대로 살리면서 사이즈를 키울 수 있게 도와주는 업스케일러입니다.

- https://huggingface.co/gemasai/4x_NMKD-Siax_200k/tree/main

구글에 모델 이름을 검색해도 쉽게 찾을 수 있다

체크포인트를 설치하는 곳이 [Models 〉 Stable-diffusion] 폴더였다면, 업스케일러 파일을 넣는 곳은 [Models 〉 ESRGAN] 폴더입니다. 간혹가다 Models 폴더에 ESRGAN 폴더가 존재하지 않는 경우도 있습니다. 그럴 때는 직접 새 폴더를 만든 다음 폴더의 이름을 ESRGAN 폴더라고 지어줍시다.

폴더가 없다면 만들어주자

업스케일러를 폴더에 넣었다면 바로 사용가능합니다. 기존의 R-ESRGAN 4x로 업스케일링한 이미지와 4x_NMKD-Siax_200k로 업스케일링한 이미지를 비교해 보도록 하겠습니다.

새로 다운받은 업스케일러(좌) / 기존의 업스케일러(우)

새로운 업스케일러로 제작한 이미지는 기존과 색감이 비슷할뿐더러 여러 디테일이 유지된 채로 크기가 커졌습니다.

이렇게 4배로 만든 이미지를 다시 4배로 만들어 16배 사이즈의 이미지를 만드는 것도 가능합니다. 대형 옥외광고와 같이 큰 광고물을 제작할 때는 업스케일링을 이용하여, 여러분이 만든 AI 이미지를 광고로 사용해 봅시다.

02. LoRA

LoRA란?

LoRA(로라)란 체크포인트, 컨트롤넷과 같이 스테이블 디퓨전의 재미있는 기능 중 하나입니다. 어떻게 해야 인물, 사물, 그림체, 상황 등을 일관된 채로 그릴 수 있을 것인가? LoRA는 이런 어려움을 해결하기 위하여 특정 이미지들을 수십 장, 최대 수백 장씩 모아서 학습시켜서 만든 모델 파일입니다. 특정 이미지를 제작하는 데 특화되었으며 용도 또한 굉장히 편리하고 다양합니다.

구름으로 만든 듯한 이미지를 생성하게 도와주는 LoRA Aether Cloud / 〈출처: Civiai의 joachim〉

이미지의 색감과 빛을 시네마틱하게 조정해주는 Juggernaut Cinematic XL LoRA / 〈출처: Civiai의 KandooAI〉

특정 인물을 생성하게 해주는 Albert Einstein - LoRA / 〈출처: Civiai의 sayurio〉

앞의 예시처럼 특정 인물을 만드는 데에 사용할 수도 있고, 특정 옷, 포즈, 배경을 만들기, 그림체를 바꾸고 상황을 연출하며 피부나 손 등의 디테일을 강화하기에 매우 유용합니다.

다운로드와 사용법 또한 체크포인트와 비슷합니다. CIVITAI에 들어간 뒤 [LoRA], [SD 1.5] or [SDXL]로 선택하면 다양한 사람들이 학습시킨 LoRA 파일을 다운로드 할 수 있습니다.

버전에 맞춰 필터를 설정한다

다양한 종류의 LoRA를 취향대로 설치하자

이때 가장 중요한 것은 체크포인트와 LoRA의 베이스 모델도 동일해야 한다는 것입니다. 가령, 체크포인트의 버전이 1.5일 경우 LoRA의 베이스 모델 또한 1.5이어야 합니다.

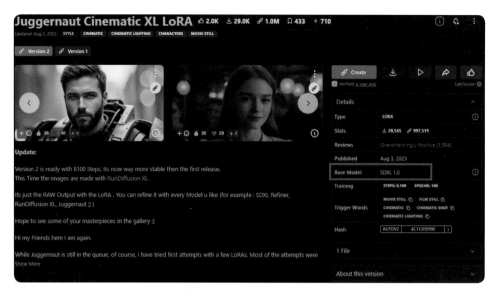

체크포인트와 LoRA 베이스 모델이 같아야 한다

체크포인트를 설치할 때 [Models 〉 Stable-diffusion] 폴더에 넣었다면, LoRA파일은 [Models 〉 Lora] 폴더에 넣는 것만으로 끝입니다.

우리는 이미지를 생성할 때 [Generation] 탭에서 생성합니다. 처음 실행할 때 켜진 창이 [Generation] 탭이기 때문에 이를 인지 못 하는 경우가 간혹 있습니다. Lora 파일을 이용할 때는 [Generation] 탭 우측에 있는 [Lora] 탭을 눌러 파일을 선택할 수 있습니다.

설치한 LoRA 파일들을 확인할 수 있는 Lora 탭

자신이 설치한 LoRA 파일을 찾아 클릭하면, 로라 파일이 프롬프트에 추가되는 것을 확인할 수 있습니다.

프롬프트 창에 추가된 LoRA 파일

지금 사용하고 있는 LoRA 파일의 원래 이름은 Juggernaut Cinematic XL LoRA이며, 파일명은 부등호(〈〉)를 포함해 JuggerCineXL2로 설정된 것을 볼 수 있습니다.

로라를 사용할 때 가장 중요한 것은 프롬프트가 〈lora:JuggerCineXL2:1〉로 가중치가 입력되어 있다는 점입니다. 일반적인 프롬프트에서 가중치 조절은 필수가 아니지만, LoRA 파일은 반드시 가중치를 조절하여 사용하여야 합니다.

그 이유는 학습한 데이터의 양이나 학습 옵션에 따라서 적절한 가중치가 다르기 때문입니다. CIVITAI에 업로드된 LoRA 파일들의 경우 대부분의 제작자가 적절한 가중치를 추천해 주고 있습니다.

This is **Aether Cloud** - a cloud texture based subject and object oriented LoRA trained on animals, people and some other stuff. Play with weights but 1 is a good base. Higher and you seem to get more clouds - lower and you get more distinct features. Works well with no negative prompting for basic things. Make sure to check out prompt examples with the images in this gallery.

ImaginAir!
Hide

제작자들이 추천하는 가중치에 맞춰서 사용하자

LoRA를 활용하여 이미지 만들기

LoRA 파일을 다운 받았다면 원하는 [Lora] 탭에서 원하는 파일을 선택하고, 가중치를 조절하여 생성 버튼을 누르는 것만으로 간단하게 이미지가 생성됩니다.

예제를 위해 다음 링크에서 동양화 스타일의 LoRA를 다운로드 하겠습니다. SD 1.5 기반의 체크포인트와 사용가능한 LoRA입니다.

• https://CIVITAI.com/Models/73305/zyd232s-ink-style

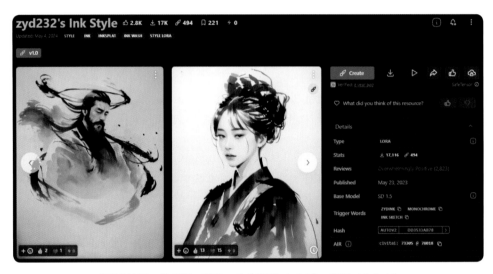

먹물 붓으로 그린 듯한 그림을 그리게 해주는 LoRA [zyd232's Ink Style]

LoRA 파일을 다운로드하였다면, 우선 LoRA를 적용하지 않고 이미지를 생성하겠습니다.

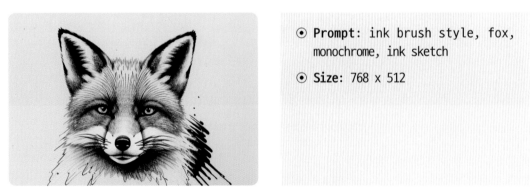

⊙ **Prompt:** ink brush style, fox, monochrome, ink sketch

⊙ **Size:** 768 x 512

LoRA 파일을 적용하지 않고 생성한 여우 이미지

여우 이미지가 생성되었지만, 프롬프트만으로는 붓이 아니라 네임펜으로 그린 듯한 그림체가 되었습니다. 여기에 붓으로 그린 동양화를 학습한 LoRA를 적용하면 어떻게 될까요? [Lora] 탭으로 넘어가

[zyd232_InkStyle_v1_0] 파일을 적용하겠습니다. 다운로드한 파일을 클릭하고 프롬프트에 LoRA
가 추가되면 끝입니다.

Lora 탭에서 다운로드한 파일을 클릭한다

LoRA가 적용되면 가중치를 조절한다

LoRA를 적용하면 기본적으로 가중치 1이 설정됩니다. 하지만 모든 최적 가중치가 1은 아닙니다.
LoRa 제작자가 추천한 가중치를 사용하도록 하겠습니다. 이 LoRA의 추천 가중치는 0.6~1.2 사이
이니 0.9를 적용해서 이미지를 제작해 보겠습니다.

LoRA 파일을 적용하고 생성한 붓그림 여우 이미지

LoRA의 그림체를 적용하니 의도한 결과물이 나왔습니다. 이처럼 LoRA는 특정 그림체의 이미지를 생성하도록 보조할 수 있으며, 특정한 캐릭터 및 사물, 혹은 상황을 설정하는 것 또한 가능합니다. 사용할 수 있는 범위가 매우 넓기에 모든 것을 설명드리기 어렵지만, 대략적인 사용 방법은 앞의 것들과 같기 때문에 쉽게 응용할 수 있습니다.

다른 예시도 함께 살펴보겠습니다. 일러스트를 제작뿐 아니라, 특정 게임 아이템 디자인을 구현하고 싶은 경우가 있을 것입니다. 특히나 사람이 들고 있는 이미지가 아닌 오직 '검'과 같은 물건만을 원할 수도 있겠죠.

이번엔 컨트롤넷 tile 파트에서 사용한 체크포인트 'meinamix_meinaV11'을 LoRA와 병행하여 게임에 나올법한 검의 디자인을 생성하겠습니다.

- ⊙ **Prompt:** burning blade, blade, game item, empty background
- ⊙ **Negative prompt:** nsfw, person
- ⊙ **Size:** 512*768

불타는 검이 아니라, 무기를 든 소녀가 생성되었다

프롬프트엔 검만 입력하고 네거티브 프롬프트에 사람을 입력했음에도 미소녀 일러스트가 생성된 것을 확인할 수 있습니다. 이는 사용하는 체크포인트가 특정 이미지들(미소녀, 미소년 일러스트 등)을 위주로 학습하였기에 사람이 섞여서 나오는 것입니다. 그렇다면 사람을 학습한 체크포인트를 사용하면서도, 게임 아이템 같은 이미지를 생성하기 위해서는 어떤 방법을 사용해야 할까요? 이번엔 게임 아이템 디자인과 관련된 데이터를 집중적으로 학습한 LoRA를 사용하겠습니다.

- https://civitai.com/models/68668/pecha-swords-generator

링크에서 'Pech Swords Generator' LoRA파일을 다운로드한 후에 이미지에 적용합니다.

이번에는 'Trigger Words'도 같이 적용하겠습니다. 'Trigger Words(방아쇠 단어)'란 로라의 특정 모델을 호출하는 단어로서, Pech Swords Generator처럼 여러 개의 모델을 학습한 로라에서 SWORD나 AXE 등 특정 모델이 적용되도록 도와줍니다.

게임 아이템을 학습한 로라, 트리거 워드를 확인할 수 있다

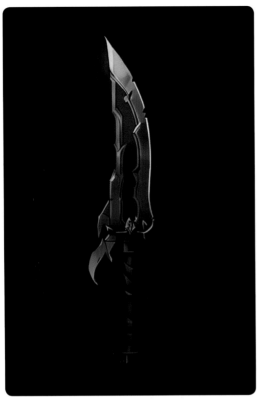

- ⊙ **Prompt:** burning blade, blade, game item, empty background, <lora:Pecha_Swords_LORA_V1.6-000008:0.8>, Sword
- ⊙ **Negative prompt:** nsfw, person
- ⊙ **Size:** 512*768

로라와 트리거 워드를 적용한 이미지

이처럼 LoRA의 활용법이나 생성할 수 있는 이미지는 무궁무진합니다. CivitAI나 다양한 사이트에서 자신이 원하는 이미지에 맞는 LoRA 파일을 찾아봅시다.

이때 반드시 기억해 둬야 할 것이 있습니다. **바로 저작권과 관련된 문제입니다. 특정 LoRA 파일들은 저작권이나 초상권과 매우 민감한 문제가 엮여있거나, 수익화에 사용할 경우 문제가 되는 파일들도 있습니다. 이 때문에, 파일에 명시된 라이선스를 제대로 파악하고, 사용 가능성을 면밀히 검토한 후에 수익화에 적용할 필요가 있습니다.** 수익화에 활용할 수 없는 파일의 경우 제작자들이 따로 명시해 두기 때문에 찾아보도록 합시다.

03. Checkpoint Merger

여러 체크포인트를 쓰다 보면, 각각의 체크포인트의 장점을 합쳐서 쓰고 싶다는 생각이 들 수도 있습니다. 그럴 때 체크포인트를 합칠 수 있는 기능이 바로 'Checkpoint Merger'입니다.

최근에는 다량의 데이터를 학습하여 좋은 체크포인트가 많이 나오고 있기 때문에, 다른 체크포인트들을 합치는 기능을 꼭 따라 해볼 필요는 없습니다. 하지만 체크포인트를 합치며 이미지를 만들어 본다면, 색감이나 그림체 등에서 미묘한 개성이 탄생할 수도 있습니다. 자신만의 체크포인트를 만들어 보는 과정에서 노하우를 발견할지도 모르기 때문에 이번 파트에서는 'Checkpoint Merger'에 대해 간단하게 짚고 넘어가겠습니다.

체크포인트를 합칠 수 있는 Checkpoint Merger

Checkpoint Merger는 두 개, 혹은 세 개의 체크포인트를 합쳐서 또 하나의 체크포인트를 만들 수 있는 기능입니다. 이 기능은 세 가지 종류가 있지만, 가장 많이 쓰이면서 기본적인 'Weighted sum'을 사용하는 것을 추천드립니다.

Weighted sum 옵션이 직관적이며 효과가 좋다

Interpolation Method 옵션의 [Weighted sum] 버튼을 누르면 두 개의 모델(A와 B)을 사용할 수 있습니다. 이 옵션을 선택하면 A와 B 모델을 합치게 됩니다. 이때 어떤 비율로 체크포인트를 합칠지 정해주는 옵션이 바로 'Multiplier(M)'입니다.

체크포인트를 어떤 비율로 합칠지 정하게 해주는 Multiplier(M)

현재 Multiplier의 옵션은 0.3으로 되어있습니다. 이 뜻은 B의 모델을 0.3(30%)을 합치고, A의 모델을 0.7(70%)을 합쳐 새로운 체크포인트를 만든다는 뜻입니다. 자신이 메인으로 반영하고 싶은 체크포인트와 부가적으로 반영할 체크포인트의 비율을 조절하여 적절하게 합쳐봅시다.

물론 Checkpoint Merger만으로 아쉬움을 느끼는 분들도 있을 것입니다. 그런 분들에게는 'SuperMerger' 확장 기능을 추천드립니다. SuperMerger에서는 LoRA끼리도 합칠 수도 있고, 체크포인트와 로라를 합칠 수도 있습니다.

- https://github.com/hako-mikan/sd-webui-supermerger

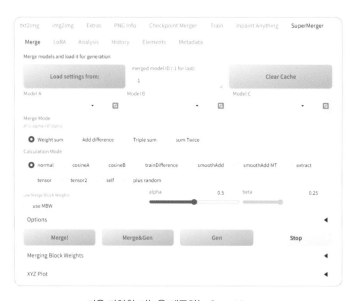

더욱 다양한 기능을 제공하는 SuperMerger

SuperMerger나 다른 기능을 상세하게 설명할 경우, 사용 빈도에 비해 내용이 매우 복잡해지기 때문에 이 책에서는 확장 기능을 알려주는 선에서 생략하도록 하겠습니다. 자신만의 체크포인트와 로라를 만들고 이미지에 개성을 담고 싶으신 분들에게는 한 번쯤 사용해 보는 것을 추천드립니다.

04. LoRA 응용: 컨트롤넷을 활용하기

이 파트에서는 LoRA와 컨트롤넷을 응용하여 다양한 이미지를 만드는 법에 대해 알아보고자 합니다. 로라의 사용법에 대해 보다 자세하게 감을 익히고 싶다면 따라 해보는 것을 추천합니다.

우선 다음과 같이 프롬프트를 입력하여 이번 파트에서 이용할 이미지를 준비합시다. 마찬가지로 본 격적인 제작에 앞서 인페인트로 디테일을 다듬고 시작하도록 하겠습니다.

- ⊙ **Prompt:** 1girl, looking at side view, park, long black hair, white dress shirts, side view of woman
- ⊙ **Negative prompt:** nsfw, bad quality
- ⊙ **Seed:** 1815861432
- ⊙ **Size:** 512*768

생성한 이미지 (좌측) / 인페인트로 다듬은 이미지 (우측)

그림체에 변화를 주는 LoRA와 특정 복장, 오브젝트에 특화된 LoRA를 모두 병행하겠습니다. 먼저 X-Ray Effect SD 1.5 LoRA를 사용한다면 마치 X-Ray에 찍힌 듯한 이미지를 제작 할 수 있습니다.

- https://civitai.com/models/172329/x-ray-effect-sd-15

grafmix421가 제작한 X-Ray Effect SD 1.5

로라 파일을 다운로드 한 후에 폴더로 옮겼다면, 본격적으로 이미지를 제작해 봅시다.

txt2img의 컨트롤넷에 제작한 여성 이미지를 업로드합시다. 여성의 신체적 특성을 그대로 살려야 하니 Depth와 OpenPose 모델을 멀티 컨트롤넷으로 적용하여 이미지를 정확하게 일치시키겠습니다.

저는 [depth_midas]를 사용하되, 이미지 생성의 자유도를 높이기 위하여 'Control Weight'를 '0.3'로 낮게 설정하겠습니다. 오픈포즈도 함께 병행하겠습니다. 두 번째 컨트롤넷 옵션에서 [dw_openose full]을 설정한 다음 'Control Weight'를 '1'로 높게 설정하겠습니다. 설정이 끝났다면 프롬프트를 추가로 입력하고 이미지를 생성해 봅시다.

이 로라 파일의 트리거 워드는 xraye1, xrayeffect입니다. 프롬프트창에 LoRA 파일과 트리거 워드, 그리고 화면을 묘사하는 프롬프트를 추가하였습니다.

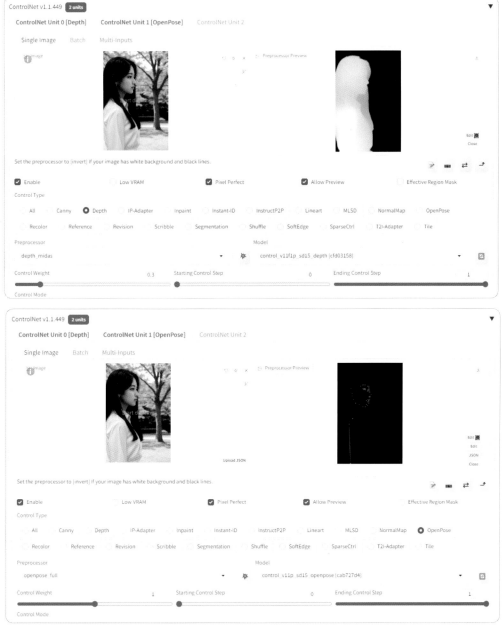

Depth 컨트롤넷과 OpenPose 컨트롤넷을 함께 적용

⊙ **Prompt:** side view of skeleton, anatomical skeleton visible, empty background, black background, xrayeffect, xraye1, <lora:xrayeffect_sd1.5:1>

⊙ **Negative prompt:** nsfw, bad quality

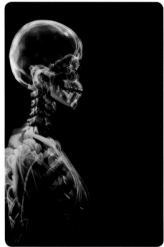

원본 이미지 / X–RAY 로라와 컨트롤넷으로 재구성한 이미지　　　포토샵을 활용해 두 이미지를 합친 이미지

필자는 추가로 포토샵을 이용하여 두 가지 이미지를 합쳐보았습니다. 이처럼 컨트롤넷과 로라 파일을 자유롭게 적용할 수 있다면, 필요한 상황에 원하는 이미지를 생성할 수 있을 것입니다. 포토샵을 활용해 합성한 이미지처럼 광고물에 사용할 만한 특수효과로 사용할 수도 있습니다. 예시처럼 다양한 AI 이미지 활용을 위하여 디자인 툴을 병행하는 것이 좋은 이유이기도 합니다.

이번에는 재미있는 로라 파일을 사용하겠습니다. 레트로 게임에 나올법한 픽셀 스타일의 이미지를 생성하는 데 도움을 주는 로라입니다. 다음 링크에서 다운로드 받아봅시다.

- https://civitai.com/models/185743/8bitdiffuser-64x-or-a-perfect-Pixel-art-model

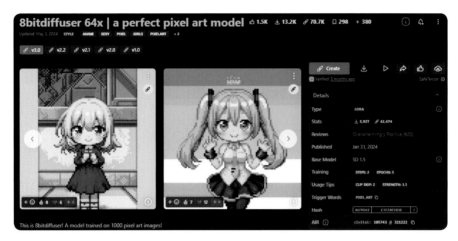

유저네임 extraordicord_byrtexploit가 제작한 8bitdiffuser 64x

픽셀로 이미지를 만든다면 두 가지 방식 중 하나를 원할 것입니다. 기존의 이미지를 변형하거나, 기존의 이미지와 구도는 같은데 전혀 다른 이미지를 생성하는 방법으로 말입니다. 이번엔 기존의 이미지를 픽셀로 변형하여 제작하겠습니다. 처음 제작한 이미지에서 프롬프트를 일부 가져오고, 로라 파일과 트리거 워드를 입력하여 원하는 이미지를 묘사해보겠습니다.

원하는 이미지를 변형하기 위해 떠오르는 방법이 있으실 것입니다. 바로 [img2img] 탭에서 변환하는 것이지요. 디노이징 스트렝스를 높인다면 실사 그림체를 픽셀로 변경할 수 있을 것입니다. 완전한 픽셀 이미지로 바꾸기 위하여 디노이징 스트렝스를 1로 설정하겠습니다. 하지만 디노이징 스트렝스를 높였기 때문에 기존의 이미지와 다른 결과물이 나오겠지요. 그렇기 때문에 컨트롤넷을 병행하겠습니다. 이미지를 참조하고 새로운 결과물을 만들기 위해 'Tile' 컨트롤넷 모델을 사용하겠습니다.

Preprocessor 설정을 [tile_colorfix]로 세팅합니다. 'tile_colorfix'는 이름에서 유추할 수 있듯이 픽셀에서 가져온 색상 정보를 반영하여 제작하는 것입니다. 즉, 픽셀별 색상의 위치를 어느 정도 고정하는 것이지요. 우리는 색상을 100%는 아니고, 일정한 정도를 반영하는 것이 목표입니다. 'Control Weight'를 '0.4 ~ 0.8' 사이로 설정하고 색상을 반영시켜 봅시다. 필자는 0.6으로 설정한 후에 이미지를 생성하겠습니다.

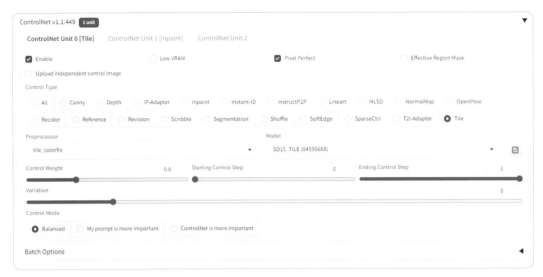

Tile 컨트롤넷 설정

⊙ **Prompt:** 1girl, looking at side view, park, long black hair, white dress shirts, side view of woman, <lora:64x3:1.5>, Pixel_art

⊙ **Negative prompt:** nsfw, bad quality, realistic

원본 이미지 / 픽셀 로라와 tile 컨트롤넷으로 새롭게 변환한 이미지

기존 이미지의 구도와 색상을 모두 유지하면서 성공적으로 변환하였습니다. 다음은 인물의 구도만 같은 상태에서 전혀 다른 이미지를 만들어보겠습니다. 전혀 다른 이미지를 만들기 위하여 기존의 프롬프트와 다른 것들을 입력하겠습니다.

컨트롤넷 세팅을 X-Ray 로라 파일을 활용할 때처럼 설정한다면, 인물의 구도만 남긴 채 새로운 이미지가 생성될 것입니다. Tile 모델 대신 Depth와 OpenPose를 적용하여 생성해 봅시다.

- ⊙ **Prompt:** 1girl, pink hair, short pink hair, cyberpunk, cyborg, <lora:64x3:1.5>, Pixel_art, Pixel art image, city background, buildings, night
- ⊙ **Negative prompt:** nsfw, bad quality, realistic

원본 이미지 / 픽셀 로라와 컨트롤넷으로 새롭게 생성한 이미지

다양한 로라를 추가로 활용한 이미지

로라 파일을 활용하는 법에 대해 감을 잡으셨나요? 이렇듯 로라와 컨트롤넷은 스테이블 디퓨전에서 매우 중요한 축을 이루고 있습니다. 현재 핵심 기술들의 활용방법을 잘 알고 있다면 미래에 새로운 기술이 나오더라도 쉽게 접목할 수 있는 좋은 디딤돌이 될 것입니다.

이 파트를 마지막으로 응용 이미지 제작 Chapter만을 남겨두고 있습니다. 필자는 커스터마이징한 SDXL 체크포인트를 이용하여 이미지의 퀄리티를 최대한으로 끌어올릴 예정입니다. 물론 Civitai에서 다운로드 받을 수 있는 체크포인트만으로도 충분히 좋은 퀄리티의 이미지를 만드는 것이 가능합니다. 여러분들도 자신의 취향에 맞는 체크포인트와 로라를 찾아 뛰어난 이미지를 만들어 봅시다.

CHAPTER

06

응용 예제

01. 제작하기 전에

예제 이미지는 19페이지의 QR코드로 다운로드 할 수 있습니다.

본격적으로 실무에 활용할 수 있으며 수익화까지 가능한 이미지를 제작하기에 앞서, Photoshop이나 기타 디자인 툴을 준비해야 합니다. 지금까지 배운 기술을 활용한다면 스테이블 디퓨전만으로도 좋은 퀄리티의 이미지 제작이 가능하지만, 작업 속도를 빠르게 유지하면서도 최고점의 결과물을 만들기 위해서는 다른 디자인 툴의 병행이 필수적입니다.

너무 걱정할 필요는 없습니다. 기초적이고 간단한 기능을 사용하는 것만으로도 충분하기 때문에 어려운 기술은 배우지 않을 것입니다. 또한 최근엔 포토샵의 기능을 대체하는 사이트나 프로그램이 많기 때문에 책을 읽으시면서 자신만의 방법으로 따라 하셔도 좋습니다.

스테이블 디퓨전과 훌륭한 궁합을 보여주는 포토샵

포토샵의 생성형 AI는 지속적으로 업데이트 중이지만, 아직은 스테이블 디퓨전의 기본적인 기능에 지나지 않습니다. 그렇기 때문에 스테이블 디퓨전의 뛰어난 AI와 포토샵의 편리한 수정 기능을 병합하여 완성도 높은 이미지를 만들어 보겠습니다.

실제 작업했던 예시를 통해 알아봅시다. 제가 받은 요청은 축구 선수들이 서로 교체하는 이미지였습니다. 다운 받은 3개의 인물 이미지를 하나의 사진에 배치하여 원하는 구도를 잡습니다. 퀄리티는 상관없기 때문에 빠른 속도로 제작할 수 있습니다.

간단한 구도를 잡기에는 포토샵이 편하다

그 후 Depth 모델을 활용한다면 1차적인 생성형 이미지를 손쉽게 제작할 수 있습니다.

스테이블 디퓨전의 AI를 활용한다

하지만 심판의 옷도 선수의 옷과 같은 색으로 변했고, 선수들의 옷은 클라이언트가 요청한 색과 달랐기에 인페인트로 수정할 필요가 있었습니다. 이 또한 지금까지 배운 스테이블 디퓨전의 인페인트 기능을 활용한다면 포토샵보다 훨씬 간편하게 수정할 수 있습니다.

인페인트 또한 스테이블 디퓨전이 훨씬 빠르다

이처럼 포토샵 등의 디자인툴을 활용한다면 밑그림을 그리는 단계를 빠르게 단축할 수 있기 때문에, 실무에서 필수적으로 병행되고 있습니다.

기존에 포토샵을 사용할 줄 아는 분이라면 뒤에 나올 파트를 굉장히 쉽게 따라 하실 수 있을 것입니다. 만약 포토샵이 처음이라면 딱 세 가지 키워드만 공부하면 됩니다. 포토샵의 레이어 개념, 도장 툴, 뉴럴 필터 이 세 가지만 배운다면 AI 이미지를 만드는 데 필요한 포토샵 테크닉을 거의 다 갖췄다고 말씀드릴 수 있습니다.

02. 포토샵 기초

포토샵 기초 - 레이어

응용 예제 제작에 앞서 포토샵이 처음인 분들을 위하여 AI에 활용할 수 있는 최소한의 지식을 준비했습니다. 매우 기초적인 포토샵 지식만 있더라도 AI를 극대화하여 수많은 이미지를 만들 수 있으니 차근차근 따라 해봅시다.

가장 먼저 만나보게 될 포토샵 화면

포토샵에서 이미지 크기를 설정하고 생성 버튼을 눌렀을 때 보게 될 화면입니다. 처음에는 막막하다고 느껴질 수 있어도 중요한 것들 위주로 기억한다면 쉽게 이용할 수 있을 것입니다.

가장 중요한 구성요소인 레이어

포토샵에서 가장 중요한 구성 요소는 바로 '레이어'입니다. 레이어란 마치 투명 필름과도 같습니다. 이 투명 필름의 순서에 따라 포토샵의 이미지 결과물이 달라집니다. 바로 예시 이미지를 살펴보겠습니다.

가장 중요한 구성요소인 레이어

붉은 공, 푸른 공 이미지를 생성하고 이름을 각각 RED BALL, BLUE BALL로 편집하였습니다. 레이어의 순서는 앞의 이미지처럼 [RED BALL - BLUE BALL - Background] 순서대로 되어있습니다. 만약 순서를 바꾸게 된다면 어떻게 될까요?

레이어의 순서가 바뀌자, 이미지도 달라졌다

[BLUE BALL - RED BALL - Background] 순서대로 레이어의 위치를 바꾸자, 파란색 공 이미지가 붉은색 공 이미지의 위로 올라가게 되었습니다. 여기서 우리가 알 수 있는 건 레이어의 순서는 이미지가 나타나는 순서와 같다는 것입니다. 즉, 레이어가 위에 있을수록 이미지는 앞으로 나오고, 아래에 있을수록 이미지는 뒤로 간다는 뜻입니다.

추가로 알아두면 좋은 것이 있습니다. Background(배경)의 흰색 바탕은 투명하지 않다는 것입니다. Background 레이어 옆의 눈 아이콘을 눌러 레이어를 비활성화 시켜봅시다.

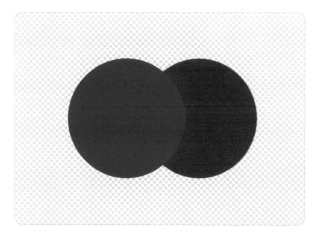 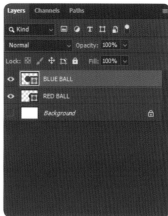

배경을 끄자, 흰색 바탕이 사라졌다

흰색으로 칠해진 Background(배경) 옆의 눈 버튼을 누르자 흰색들이 사라지고 체크무늬로 변한 것을 볼 수 있을 것입니다. 이 체크무늬 표시가 바로 투명하다(아무 이미지도 없다)는 뜻입니다. 이것을 활용해서 흔히 말하는 누끼의 예시를 살펴보겠습니다.

포토샵 기초 - 누끼(배경 제거)

두 번째로 배울 것은 누끼(배경 제거)입니다. 누끼란, 사물과 배경을 분리하여 객체만을 남겨둔다는 뜻입니다.

예제를 위해 QR코드를 통하여 남성의 이미지를 다운 받겠습니다. 포토샵에서 [File - Open][파일 - 열기] 버튼을 눌러 남성 이미지 파일을 업로드합시다.

남성 주변에 생긴 점선들

다운 받은 이미지로 간단하게 누끼를 만들어보겠습니다. 보통은 펜 툴을 활용하여 세밀하게 범위를 조정하여 이미지와 배경을 분리하지만, 최근에는 AI 기술이 급격하게 발전하여 버튼 한번 만으로도 자연스럽게 누끼를 만드는 것이 가능해졌습니다. 좌측의 바에서 [Object selection tool(개체 선택도구)]을 선택해 봅시다.

Object selection tool(개체 선택도구)

도구를 선택하면 네모를 그릴 수 있게 됩니다. 네모 안에 남성을 가둔다는 느낌으로 범위를 확장해 봅시다.

남성 주변에 생긴 점선들

남성 주변에 점선들이 생긴 것을 볼 수 있습니다. 점선은 이 영역 안에서만 이미지가 컨트롤된다는 뜻입니다. 이 상태에서 복사 붙여넣기를 한다면 배경은 복사되지 않고 남성만 복사가 된다는 뜻이지요. 남성만 선택된 상태에서 Ctrl + J를 눌러보겠습니다.

남성만 복사된 것을 확인할 수 있다

배경은 복사되지 않고 남성만 복사된 것을 확인할 수 있습니다. 이 상태에서 Background라고 적힌 이미지 옆의 눈동자 버튼을 눌러봅시다.

남성 이미지만 남았다

이 상태에서 Alt + Shift + Ctrl + W 버튼, 혹은 [파일 - 내보내기 - 내보내기 형식]을 누르면 PNG 포맷의 파일로 저장이 가능합니다. 이렇게 객체만 남기고 PNG로 저장할 경우, 폴더에서는 희색 배경과 남성의 이미지로 보이지만, 포토샵과 스테이블 디퓨전에서 사용할 경우 배경이 제거된 상태의 이미지로 활용이 가능합니다.

폴더에서는 하얀색 바탕으로 보인다

만일 Ctrl + S나 일반 저장을 할 경우 이미지 파일이 아닌 포토샵 편집용 포맷인 'PSD' 파일로 저장됩니다. PSD 파일로 저장할 경우 모든 레이어와 다른 기타 정보들까지 한꺼번에 저장되며 용량도 크기 때문에 유의합시다.

만일 포토샵에 익숙하지 않더라도 걱정하지 않으셔도 됩니다. 최근에는 이미지를 업로드 하는 것만으로 간단하게 누끼를 만들어 주는 사이트가 많기 때문이죠

- https://www.remove.bg/
- https://www.adobe.com/express/feature/image/remove-background

등에서 원하는 이미지를 업로드하는 것만으로도 간단하게 누끼를 따는 것이 가능합니다.

포토샵 기초 - 뉴럴 필터

마지막으로 배울 것은 포토샵의 최신 기능인 뉴럴 필터입니다. 간단한 슬라이드만으로 사진을 보정할 수 있으며, 두 이미지의 어색한 색상을 조절해 주는 'Harmonization(일치)' 기능을 사용할 것입니다. 만일 포토샵이 없다면 기타 사진 보정 어플이나 프로그램을 사용하셔도 좋습니다.

마찬가지로 예제를 위해 정글 이미지를 다운로드하겠습니다. 그 후 앞에서 배웠던 것처럼 [File - Open] 버튼을 눌러 포토샵에서 이미지를 열어줍니다.

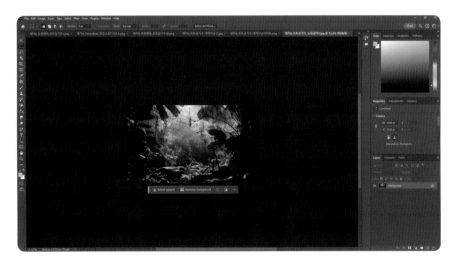

정글 이미지를 준비해 보자

준비가 되었다면 이전의 남성 이미지를 가져오도록 하겠습니다. 남성 이미지를 열어 상단의 탭이 2개가 된다면 이미지를 선택하여 Ctrl + C로 복사한 후 정글 이미지에서 Ctrl + V를 눌러 붙여넣기 합니다.

정글 배경에 남성 이미지를 붙여 넣는다

현재 두 이미지는 색감과 빛이 어우러지지 않습니다. 따라서 두 색감을 맞추기 위해 뉴럴 필터를 사용하겠습니다. 이미지를 잘 배치했다면, 레이어의 순서는 Layer1(남성) - Background(정글이미지)가 되어 있을 것입니다. 맨 상단 탭에서 Filter[필터] - Neural Filters[뉴럴 필터]를 선택하겠습니다.

※ 뉴럴 필터를 선택하기 전에 반드시 남성의 레이어를 클릭합시다. 클릭한 레이어에 필터가 적용되기 때문입니다. 우리는 남성의 색을 변경할 것이니, 남성의 레이어가 선택되어 있어야 합니다.

뉴럴 필터 버튼을 누르면 생기는 설정창

복잡한 설정들이 보이지만 이 책에서 다룰 항목은 많지 않기 때문에 너무 걱정하실 필요 없습니다. [Harmonization(일치)] 기능을 클릭해 봅시다. 클릭하면 [Download] 버튼을 통해 기능을 다운로드 하라는 표시가 뜰 것입니다. 다운로드를 마치면 [Harmonization] 옆에 활성화할 수 있는 버튼이 생깁니다. 이 버튼을 눌러 활성화해 봅시다.

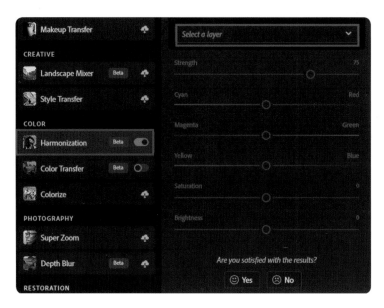

뉴럴 필터를 활성화할 수 있게 되었다

그 후 오른쪽 상단의 [Select a layer] 칸을 클릭합니다. 남성의 이미지를 여기서 선택한 레이어에 맞춰 보정해준다는 뜻입니다. Background(정글 이미지) 레이어를 선택해 줍시다.

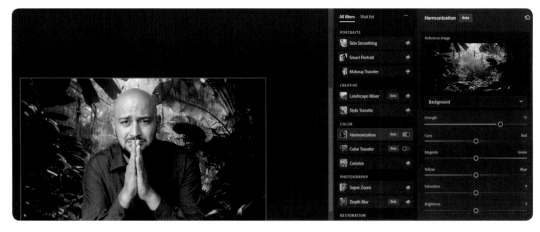

뉴럴 필터가 적용되는 모습

정글에 맞는 색감으로 보정해준다

뉴럴 필터를 적용하자 남성의 이미지에 정글에 어울리는 초록색 색감이 추가된 것을 확인할 수 있습니다. 스테이블 디퓨전의 색감 보정 기능은 아직 포토샵에 비해 부족하기 때문에, 포토샵의 도움을 받아 인페인트 한다면 보다 뛰어난 결과물을 얻을 수 있을 것입니다.

만일 응용 예제 제작 Chapter에 어려움을 느끼신다면 구글이나 유튜브에 포토샵 레이어, 도장 툴, 뉴럴 필터를 검색하여 공부한 후에 다시 도전해 보도록 합시다. 기초적인 기능이기 때문에 큰 어려움은 없을 것입니다.

03. 제품 모델 제작

이 책을 구매하신 분 중에는 특정 제품을 들고 있는 AI 모델 제작에 관심을 가지신 분들이 많을 것입니다. 실제로 고객들의 수요가 많은 작업 중 하나이며, 일반 모델을 사용하는 것보다 제작비를 획기적으로 줄일 수 있습니다.

이 파트에서 특정 제품을 들고 있는 모델의 이미지를 처음부터 끝까지 함께 제작해 보겠습니다. 제품은 freepik에서 무료 이미지를 사용하도록 하겠습니다. 다음과 같은 샴푸 모델을 다운로드 받아 봅시다.

이번 예제에서 활용할 샴푸 이미지

주의해야 할 점은 스테이블 디퓨전 만으로 작업을 했을 때, 제품의 디자인에 약간이나마 변형이 가해진다는 점입니다. 그렇기 때문에 포토샵으로 제품의 그림을 입힌 후, 손과 제품이 자연스럽게 어우러지는 작업을 인페인트로 활용하겠습니다.

제품 이미지를 준비했으면 실사 모델 사진과 샴푸를 쥘 손 사진도 다운로드합니다.

Chapter 04에서 설명한 3D 데생 인형을 사용해도 좋다

손 이미지를 따로 준비하자

세 가지 모델을 다운로드했다면 포토샵을 열겠습니다. SD1.5를 사용하는 유저는 768*512 사이즈의 이미지를, SDXL를 사용할 유저들은 1536*1024 사이즈를 생성합시다.

버전에 맞는 사이즈의 이미지를 생성한다

이후 다운로드한 샴푸와 손 사진의 배경을 제거한 후(누끼) 모델 사진에 합성합니다. 어린애 장난 같은 결과물이어도 좋고

- https://www.adobe.com/express/feature/image/remove-background
- https://www.remove.bg/

등의 사이트를 활용하셔도 괜찮습니다.

대략적인 손의 위치와 크기를 정해주자

샴푸 위치와 크기도 손에 맞춰서 정한다

손가락이 샴푸 위에 올라가는 부분을 지우개로 지워주자.

여기까지 끝났다면 스테이블 디퓨전으로 돌아가자

이미지가 완성되었으면 PNG로 저장한 후 스테이블 디퓨전으로 돌아갑니다. 우리가 사용할 탭은 [txt2img]입니다. 컨트롤넷을 열어서 현재 이미지를 업로드하겠습니다. 그다음 [softedge_hed] Preprocessor를 적용 후 미리보기 버튼을 클릭해 봅시다.

추후 다시 포토샵을 이용할 것이기 때문에 샴푸를 편집한 PSD 파일은 닫지 않거나, 저장합니다.

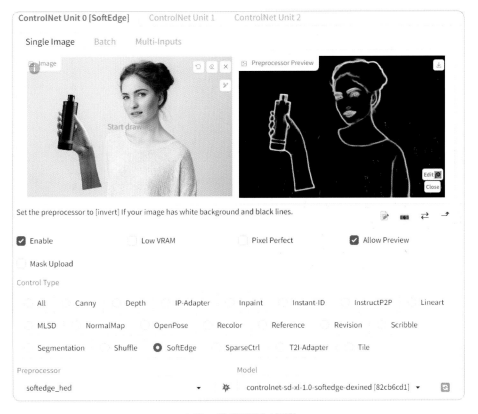

txt2img의 컨트롤넷 설정창

미리보기 버튼을 누르면 흑백 결과 이미지를 확인할 수 있습니다. 이 흑백 이미지는 간단한 편집을 거친 후 다시 사용될 것입니다. Chapter 04 컨트롤넷에서 기도하는 여성의 이미지가 생각나실 것입니다. 이미지를 저장한 뒤 배웠던 것처럼 편집해 보겠습니다.

softedge_hed 가 적용된 이미지

손과 샴푸, 얼굴을 제외하고 검게 칠한다

컨트롤넷에서 사용될 이미지가 완성되었습니다. 이 이미지를 컨트롤넷에 업로드 후 다시 이미지를 생성해 보겠습니다.

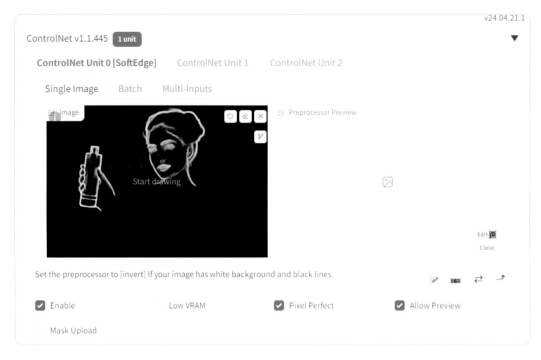

수정된 이미지를 컨트롤넷에 다시 업로드한다

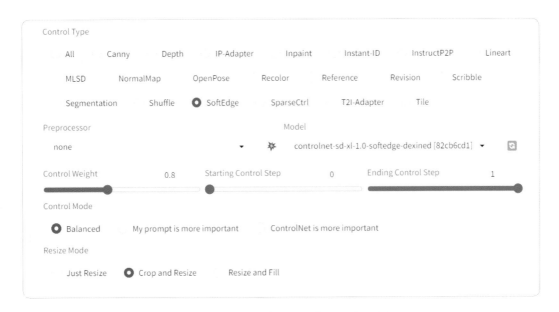

Preprocessor는 [none], Model은 [softedge]로 설정

업로드한 이미지는 이미 Preprocessor가 적용된 이미지이니 [none]으로 설정해 둡니다. Model은 [softedge]로 설정합니다. 필자는 SDXL을 사용하기 때문에 XL 버전 softedge를 사용하겠습니다. 마지막으로 'Control Weight'를 '0.8~0.9'로 설정하면 AI가 흑백 이미지를 인식하여 그려줄 것입니다.

컨트롤넷 준비가 끝났다면 프롬프트를 입력하는 것만 남았습니다. 샴푸를 들고 있으니, 모델이 목욕 가운을 입으면 어울릴 것 같습니다. 네거티브 프롬프트는 항상 사용하던 것을 사용해도 좋고, 굳이 사용하지 않아도 좋습니다. 필자는 간략하게 제작하기 위하여 생략하도록 하겠습니다.

이제 이미지를 생성하는 것만 남았습니다. 필자는 Batch Count를 10으로 설정하여 이미지를 10장 제작한 뒤, 마음에 드는 사진을 고르겠습니다.

첫 번째로 완성된 이미지

스테이블 디퓨전이 샴푸와 손, 모델의 이미지를 자연스럽게 합성한 뒤 옷을 새로 입혔습니다. 인 페인트로 세부 디테일들을 먼저 수정하겠습니다. 이미지를 [img2img] 탭의 Inpaint로 가져간 뒤 [Original - Only Masked]로 설정하고 디테일을 보강해 봅시다. 이때 컨트롤넷 또한 자동으로 가져 가는 경우가 있는데, 인페인트와 관련 없는 컨트롤넷은 해제하도록 합시다.

두 번째로 완성된 이미지

프롬프트로 이미지를 만드는 과정에서 스테이블 디퓨전이 임의의 샴푸를 만들었기 때문에, 제품 이미지를 다시 합성하는 일만 남았습니다. 다시 포토샵으로 돌아간 뒤, 두 번째로 완성된 이미지 레이어 위에 원본 샴푸 레이어를 올리겠습니다. 두 번째로 완성된 이미지 레이어 이름은 '완성 이미지'로 설정하겠습니다. 이미지가 다음과 같이 표시되면 됩니다.

원본 샴푸 이미지를 다시 합성한다

이 정도로도 훌륭한 이미지가 완성되었지만, 아직 수정된 초록색 샴푸의 반사된 빛이 남아있습니다. 추가적인 인페인트로도 수정이 가능하겠지만, 응용파트에서는 포토샵의 '뉴럴 필터' 기능을 활용하여 색상보정을 하겠습니다.

뉴럴 필터란, 특정 이미지를 배경으로 인식한 후, 배경에 맞춰 이미지의 색조, 채도, 광도 등을 자동으로 조절해 주는 기능입니다. 이 기능을 활용한다면 스테이블 디퓨전의 색상보정보다 훨씬 빠르고 정교한 작업이 가능합니다.

우선 샴푸 레이어를 선택한 상태에서 [Filter(필터) - Neural Filters(뉴럴 필터)]를 클릭한 뒤 Harmonization(일치)을 활성화하고 우측 상단의 [Select a layer] 버튼을 누른 후 여성의 이미지를 클릭합니다.

뉴럴 필터에서 Harmonization 기능을 활성화한다　　　　'완성 이미지'를 배경으로 업로드 한다

완성 이미지에 따라 만족스럽지 않은 결과가 나온 분도 있을 것입니다. 필자의 경우 완성 이미지의 샴푸가 녹색이었기 때문에, 보정 결과물도 녹색을 띠게 되었습니다.

배경의 녹색을 따라 샴푸도 녹색으로 보정되었다

녹색으로 보정되지 않으려면 어떻게 해야 할까요? 정답은 배경의 녹색 샴푸를 없애는 것입니다. 우선 '완성 이미지' 레이어를 복사(Ctrl+J)하여 '완성 이미지2' 레이어를 만들어줍시다. 그 후 샴푸를 잠시 투명하게 만들어 보이지 않는 상태로 만들겠습니다.

도장 툴(Clone Stamp Tool)을 사용하여 '완성 이미지2'에 있는 손과 녹색 샴푸를 배경색으로 가득 채우겠습니다. 도장 툴이란, 특정 영역을 그대로 복사하여 도장을 찍듯이 같은 이미지를 채워주는 기능입니다. 좌측에서 도장 모양의 [도장 툴(Clone Stamp Tool)]을 찾아 클릭합시다. 그다음 회색 배경을 [Alt + 마우스 우클릭] 하여 배경색을 도장으로 복사합니다.

도장 툴 복사가 끝났다면 녹색 샴푸를 복사한 배경으로 채워 넣어 줍시다. 좌클릭 버튼을 누르면 쉽게 붙여 넣을 수 있습니다. 이때 [마우스 우클릭]을 한 번 더 누르면 어떤 식으로 채워 넣을지 설정할 수 있습니다. 경도(Hardness)를 0%로 한다면 매우 부드럽게 칠할 수 있습니다.

도장 툴로 손과 제품 주변을 배경으로 채운 모습

이제 다시 뉴럴 필터를 적용할 차례가 되었습니다. 이전과 같이 원본 샴푸 레이어를 선택한 다음, 녹색 샴푸가 없는 배경 이미지를 선택하여 색을 보정해봅시다.

뉴럴 필터로 다시 샴푸의 색을 보정한 모습

샴푸의 색이 배경에 맞춰 조화롭게 변했습니다. 색 보정을 마쳤으니 이제 '완성 이미지2' 레이어의 활용은 끝입니다. '완성 이미지2' 레이어를 보이지 않게 설정합시다.

'완성 이미지2' 레이어를 가린 모습

아직 주변에 아주 약간의 녹색이 남아있지만, 이 정도는 이미지를 생성하는 데 큰 문제가 없습니다. 이제 다시 인페인트를 할 차례입니다. 이미지를 PNG로 저장 후 스테이블 디퓨전으로 돌아와 인페인트 탭에 업로드 합시다. 그다음 샴푸를 잡고 있는 손에 마스크를 씌웁니다.

인페인트를 위하여 마스크를 씌운 상태

이 상태로 이미지를 생성한다면 아무리 디노이징 스트렝스를 낮추더라도 조금은 형태가 변하게 됩니다. 그렇기 때문에 제품의 형태를 확실히 인식시키기 위하여 Depth 컨트롤넷을 사용하겠습니다.

제품의 공간감을 확실하게 인식시키기 위하여 Depth 모델을 사용

[depth_midas] Preprocessor를 설정한 뒤 'Control Weight'는 '0.8 ~ 0.9' 사이로 설정합시다. 이 상태로 [Original - Whole picture]를 설정하고, 'Denoising strength'를 '0.4 ~0.5' 사이로 설정한 다음 이미지를 생성합시다.

3차로 완성된 이미지

샴푸가 굉장히 자연스럽게 바뀌었습니다. 심지어 검은색 무광 샴푸의 재질에 따라 손가락이 살짝 반사되는 듯한 느낌까지 구현되었습니다. 하지만 아직 아쉬운 부분이 남아있습니다. Depth 컨트롤넷을 사용하였음에도 샴푸의 윗부분 디자인이 살짝 변형된 것입니다.

마지막으로 이미지를 수정하기 위하여 지금까지 작업한 PSD 파일에 다시 업로드 하겠습니다. 레이어의 이름을 '완성 이미지3'으로 설정한 뒤 '샴푸 이미지' 레이어를 다시 맨 위로 올립니다.

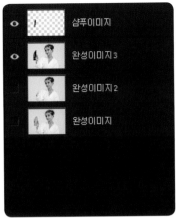

'샴푸 이미지'를 '완성 이미지3' 위에 올린다

이제 '샴푸 이미지'에서 원하는 부분만 남긴 후 필요 없는 부분을 지우개로 지워준다면 '완성 이미지 3' 레이어의 이미지가 나타나며 자연스럽게 합쳐질 것입니다. 도장 툴과 마찬가지로 지우개의 경도 (Hardness)를 0으로 설정한 다음, 지우개의 크기도 살짝 작게 하여 세밀하게 지워봅시다.

드디어 완성한 최종 결과물

04. 제품 모델 제작 : IP-Adapter 활용

이전의 이미지에 만족하지 못한 분들이 계실 것입니다. 여성의 헤어스타일을 스테이블 디퓨전이 만들어준 그대로 사용했기 때문이죠. 물론 프롬프트를 수정하여 바꿀 수도 있겠지만, 이번엔 Chapter 04 컨트롤넷에서 배웠던 IP-Adapter를 활용하여 내가 원하는 헤어스타일로 정확히 바꾸는 방법을 알아보겠습니다.

IP-Adapter는 굉장한 효과가 있는 컨트롤넷 모델입니다. 업로드한 이미지의 스타일과 구도, 심지어 얼굴을 복사하여 원하는 결과물을 제작하도록 도와줍니다. 그 때문에 다양한 방면에서 활용되는 컨트롤넷 모델입니다. 이번 파트에서는 그 용도 중 하나인 헤어스타일을 변경하는데 사용해보겠습니다.

적용할 헤어스타일 – 검은 웨이브 롱 헤어

우선 적용하고 싶은 헤어스타일과 유사한 이미지를 다운로드합니다.

머리카락을 수정하는 것이기 때문에 [Inpaint] 탭에서 진행하면 됩니다. 긴 머리를 인페인트 할 예정이기 때문에 머리뿐 아니라 어깨 위까지 넉넉하게 마스크를 칠합니다.

머리카락이 생성될 곳을 여유롭게 마스크 씌운다

새로운 이미지가 생성될 것이기 때문에 [fill - Whole picture]를 선택합니다. 'Denoising strength'
는 '0.8 ~ 0.9' 사이로 설정합니다. 필자는 0.85로 설정하였습니다. 이제 컨트롤넷 설정만 남았군요.
Chapter 04와 마찬가지로 자연스러운 수정을 위하여 두 가지의 컨트롤넷을 사용할 예정입니다. 처
음부터 하나씩 설정해 봅시다. 먼저 원하는 헤어스타일을 반영하기 위하여 첫 번째 컨트롤넷에 참조
용 이미지를 업로드합니다. 그 후 Preprocessor와 Model을 설정하겠습니다.

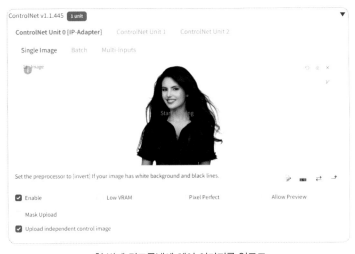

첫 번째 컨트롤넷에 헤어 이미지를 업로드

Preprocessor가 굉장히 다양하여 헷갈릴 수 있습니다. 또한 버전에 따라 이름이 각각 다를 수도 있습니다. 'ip-adapter_clip'이라고 적혀있거나 '비슷한 이름'의 Preprocessor를 선택합시다. 구버전의 경우, 혹은 미래에는 다른 버전이 생길 수 있기 때문에 비슷한 이름이라면 괜찮습니다. Preprocessor 설정이 끝났다면 [ip-adapter-plus]를 Model로 설정하겠습니다.

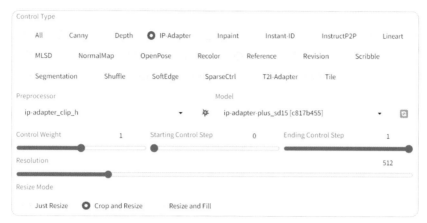

ip-adapter-plus Model을 사용한다

첫 번째 컨트롤넷 설정이 끝났다면 이제 두 번째 컨트롤넷을 설정할 차례입니다. [Controlnet Unit 1]을 선택하여 두 번째 컨트롤넷 활성화(Enable)한 뒤 'inpaint' Preprocessor와 Model을 설정하겠습니다.

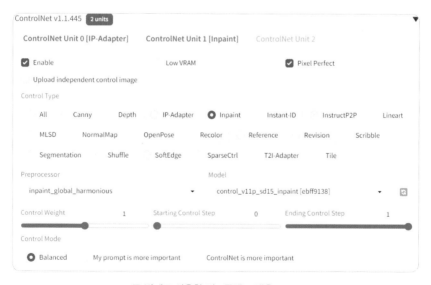

두 번째로 사용할 컨트롤넷 모델은 inpaint

머리카락을 배경, 샤워가운과 자연스럽게 어우러지게 인페인트 되게끔 [Inpaint_global_harmonious] Preprocessor를 선택하고 마찬가지로 [inpaint] Model을 선택하였습니다. 설정이 끝났다면 이제 프롬프트만 입력하면 끝입니다.

샤워 가운이 셔츠로 변형될 수 있기 때문에 long black hair, shower gown 두 가지를 입력하고 네거티브 프롬프트에는 low quality를 적겠습니다. 만약 프롬프트와 네거티브 프롬프트에 아무것도 입력하지 않으면 이미지 생성이 되지 않습니다.

IP-Adapter를 활용한 결과물

업로드한 이미지처럼 웨이브가 섞여 있는 검은색 롱 헤어가 되었습니다. 또한 여성이 착용한 흰색 귀걸이도 함께 인페인트 되었군요. 다시 인페인트로 디테일을 잡기 전에 포토샵이나 그림판 등의 툴을 이용하여 간단하게 이미지를 다듬어보겠습니다.

포토샵으로 간단하게 재편집한 이미지

도장 툴과 지우개를 이용해서 필요 없는 부분을 간단하게 없앴습니다. 이제 인페인트를 통하여 디테일을 살려주면 끝입니다. 인페인트에서 디테일을 강화하는 옵션은 여러 번 설명하였기 때문에 이번엔 독자분들이 스스로 적정값을 찾아보시면 좋겠습니다.

인페인트로 디테일까지 다듬은 결과물

이렇게 원하는 헤어스타일로 바꾼 이미지가 생성되었습니다. IP-Adapter를 활용한다면 똑같은 원리로 헤어스타일뿐 아니라 옷과 얼굴까지 손쉽게 수정할 수 있습니다. 그 외에도 무궁무진한 활용 방법이 남아있기 때문에 완성한 이미지를 토대로 다양한 스타일에 도전해 봅시다. [Inpaint Anything] 탭과 'Inpaint' 컨트롤넷을 사용한다면 훨씬 자연스러운 결과물을 만들 수 있을 것입니다.

취향에 따라 색상과 헤어스타일에 다시 한번 변화를 만들어 봅시다

05. 제품에 맞는 배경 생성하기 - Inpaint Upload

독자 여러분들은 인물 모델을 만드는 것뿐만 아니라 제품에 맞는 배경 이미지를 생성하는 것 또한 큰 관심을 가질 것입니다. 특히 AI가 광고업계 전체에 사용되면서 그 가치는 확실하게 증명되었죠. AI를 활용하여 제품 광고용 이미지를 제작하는 방법에는 크게 두 가지가 있습니다. 제품 이미지에 맞는 배경을 생성하거나, AI로 생성한 배경에 제품을 합성하는 방법입니다. 하지만 제품을 배경에 합성하는 방법은 사실상 포토샵을 마스터하는 것과 같은 일입니다.

그렇기 때문에 이 책에서는 제품에 맞는 배경을 생성하는 법을 집중적으로 파헤쳐보겠습니다. 왕도를 먼저 따르고 싶은 독자분은 이 파트를 먼저 따라 하시고, 보다 간편한 방법을 원하시는 부분은 뒤의 파트를 먼저 따라 하도록 합시다.

이번 파트에서 사용할 하이힐을 다운로드합니다. 그리고 포토샵이나 기타 사이트를 통하여 누끼를 따서 준비하도록 합니다.

이번에 사용할 하이힐 이미지

배경을 제거한(누끼) 이미지

이제 이미지를 원하는 사이즈에 맞춰서 배치하면 됩니다. 저는 SDXL기준 1536*1024 사이즈에 맞춰서 배치하겠습니다. 큰 사이즈가 부담스러우신 분들은 768*512 사이즈도 괜찮습니다. 하이힐을 제외한 공간은 배경이 될 예정이니, 이후 생성될 배경을 고려하여 하이힐을 배치해 봅시다.

생성될 배경을 고려하여 하이힐을 배치한다

앞의 이미지를 제작하였다면 '하이힐_1'이라는 이름의 png 파일로 저장합시다. 이제 인페인트를 위하여 마스크를 만들 예정입니다. 다만 차이가 있다면 [Inpaint] 탭에서 일일이 마스크를 입히는 것이 아니라, 포토샵을 활용하여 정확한 마스크를 만들겠습니다.

스테이블 디퓨전의 인페인트는 검은색 = 새롭게 그리지 않는 영역, 흰색 = 인페인트로 새롭게 그릴 영역으로 구분하고 있습니다. 따라서 하이힐의 이미지를 검은색으로 칠한 뒤 업로드하여 인페인트 한다면, 스테이블 디퓨전은 하이힐 모양을 남긴 뒤 배경 이미지를 만들 것입니다.

하이힐만 검은색으로 칠해보겠습니다. 누끼를 딴 하이힐 레이어가 선택된 상황에서, 하이힐 이미지 에 커서를 올려둔 다음, [우클릭 – Load Selction(선택 영역 불러오기) – 확인] 버튼을 누르면 하이힐이 선택됩니다. 참고로 하이힐 이미지는 리터치할 때 다시 사용할 예정이니 [Ctrl] + [J]를 눌러서 이미지 를 하나 더 준비해 둡시다.

선택 영역 불러오기를 통하여 하이힐을 선택한다

영역이 선택된 상태에서는 다른 곳에 그림을 그리거나 지우더라도 영향을 주지 않습니다. 이 상태에서 하이힐을 검은색으로 가득 채우도록 합시다. 칠이 끝났다면, 파일 이름을 '하이힐_마스크'로 저장하여 구분해 둡니다.

하이힐 이미지를 검은색으로 칠한 뒤 따로 저장한다

하이힐과 마스크 이미지를 모두 만들었으니 스테이블 디퓨전으로 넘어가겠습니다. 이번에 사용할 기능의 이름은 'img2img'의 'Inpaint upload'입니다. 기존 Inpaint에서 마스크를 직접 칠하여 이미지를 수정하였다면, Inpaint upload에서는 마스크 이미지를 업로드하여 수정합니다.

[Inpaint upload] 탭을 열었다면, 상단에는 '하이힐_1' 이미지를, Mask라고 적힌 하단에는 '하이힐_마스크' 이미지를 업로드 합니다.

Inpaint upload 탭이 위치한 곳

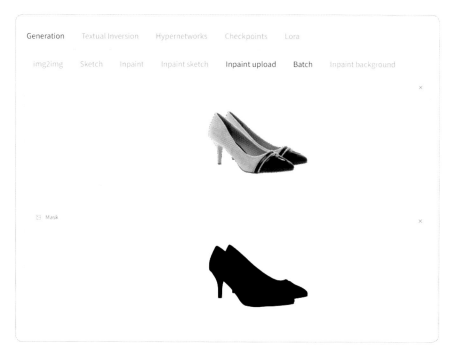

상단에는 편집할 이미지를, 하단에는 마스크 이미지를 업로드 한다.

이미지를 업로드하였으면 인페인트 옵션을 설정하겠습니다. 새로운 이미지를 생성하기 위해 [fill – Whole picture]를 선택합니다. Mask blur는 최대한 낮춰서 설정한 마스크를 침범하지 않게 하겠습니다. 'Denoising strength'는 '0.9 ~ 1'로 설정하여 새로운 이미지를 얻을 수 있도록 합시다. 인페인트 옵션 설정이 끝났다면 컨트롤넷 설정도 하겠습니다.

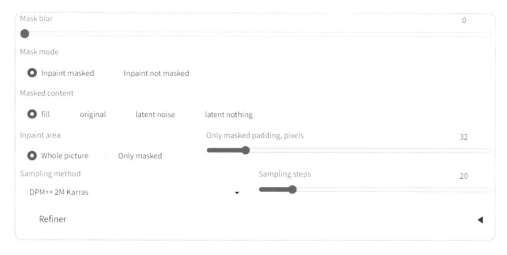

인페인트 옵션

제품 이미지의 명확한 경계를 구분 짓기 위하여 'Canny'나 'SoftEdge'와 같은 컨트롤넷 모델을 사용합시다. 하이힐 이외에 새로운 이미지를 생성하기 위하여 'Control Weight'는 '0.35 ~ 0.6' 사이로 설정합시다. 필자는 0.5로 설정하였습니다.

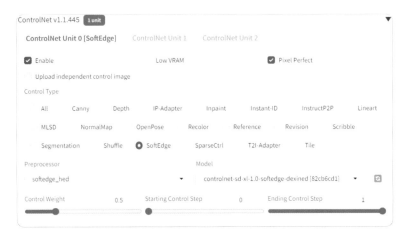

컨트롤넷 옵션

이제 컨트롤넷 설정이 끝났다면 이미지를 생성하는 일만 남았습니다. 저는 깨끗한 연못 위에 떠 있는 하이힐 이미지를 만들기 위하여 다음과 같이 입력하였습니다. 만약 원하는 이미지가 나오지 않는다면 프롬프트를 조금씩 조정해 봅시다. 자유로운 프롬프트를 통해 자신만의 이미지를 생성하는 것도 좋습니다.

⊙ **Prompt:** high heel, nature background, high heel floating on pond, clean water, clam water, blue sky, high quality

Inpaint upload와 프롬프트를 통해 생성한 이미지

배경 이미지에 하이힐을 합성한 것 같은 결과물이 나왔습니다. 특히 수면에 비친 하이힐의 모습까지 생성된 점이 눈에 띄는군요. 하지만 하이힐의 주변에 약간의 티끌이 남아있습니다. 이는 포토샵의 도장 툴로 제거하고 인페인트를 통해 퀄리티를 높이면 됩니다.

포토샵으로 주변 테두리를 살짝 지운 이미지

이제 전체적으로 인페인트 할 일만 남았습니다. 현재 이미지는 하이힐의 색감과 반사광이 배경 전체와 어울리지 않기 때문에, 배경과 어울리게끔 인페인트할 필요가 있습니다. 인페인트의 옵션은 다음과 같이 설정합시다.

하이힐과 수면에 비친 이미지에 전체적으로 마스크를 입힌다.

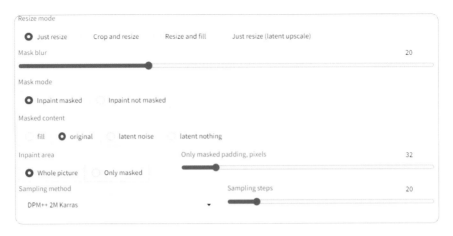

하이힐 전체 색감을 바꾸기 위한 인페인트 설정

[Original - Whole picture]을 선택한 이유는 하이힐의 색감을 전체적으로 재조정하기 위함입니다. 'Denoising strength'는 약 '0.6 ~ 0.7' 사이로 선택합시다. 필자는 '0.65'로 설정하였습니다.

컨트롤넷 옵션의 경우 하이힐의 형태를 일관성 있게 유지하기 위해서 'SoftEdge' 모델을 사용합니다. 'Control Weight'는 '0.9 ~ 1'로 높게 설정합시다. 필자의 경우 '1'로 설정하였습니다. 설정이 끝났다면 이제 이미지를 생성해 봅시다.

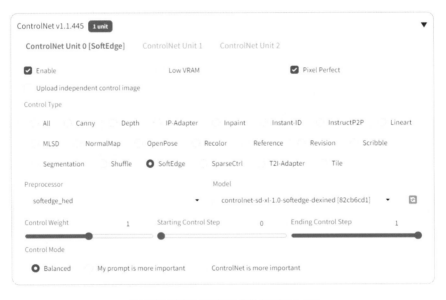

하이힐의 형태를 유지하기 위한 컨트롤넷 설정

2차 생성 완료된 이미지

배경과 하이힐의 배치가 완성되었으니, 포토샵을 통하여 전체적인 색감을 조절하겠습니다. 이전 파트에서 했던 것처럼 완성 이미지를 배경으로 삼은 뒤, 원본 하이힐 이미지를 레이어 위에 두고 뉴럴 필터를 적용해 봅시다. 마지막으로 도장 툴을 사용해 튀어나온 부분을 자연스럽게 지우면 끝입니다.

뉴럴 필터로 색감을 바꾸고, 도장 툴로 자연스럽게 변경한 이미지

배경에 맞춰 색감까지 조정되었다면 마지막으로 인페인트를 할 차례입니다. 하이힐과 수면에 전체적으로 마스크 씌워줍시다. 하이힐이 수면에 자연스럽게 뜨는 이미지를 전체적으로 보정하기 위하여, 이전처럼 [Only masked – Whole picture]로 설정하되, 많은 변화를 주지 않기 위하여 'Denoising strength'는 '0.35' 정도로 낮게 둡니다.

가장 중요한 컨트롤넷 옵션입니다. 이번에는 'Depth'로 바꿔주어 제품의 공간감이 느껴지게끔 만들 겠습니다. 그리고 'Control Weight'를 '0.6 ~ 0.8'로 두어 수면이 자연스럽게 생기도록 만듭시다.

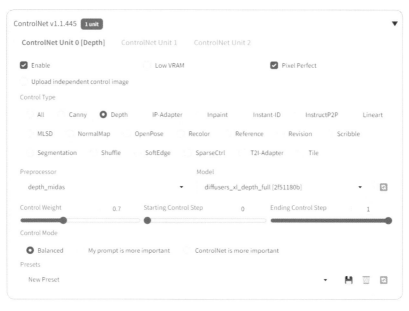

Depth를 사용하여 공간감을 만들자

3차로 생성 완료한 이미지

이제 거의 다 왔습니다! 이 레이어를 다시 배경으로 두고, 흰색 바탕의 하이힐 이미지를 맨 위의 레 이어로 올린 뒤. 제품의 원래 디자인을 유지하되 제품 테두리 부분이 자연스럽게 합성되도록 제품의 모서리 끝부분만 아주 살짝 지워줍니다. 지우개의 Hardness(경도)를 0으로 설정하여 부드럽게 지 웁시다.

모서리를 다듬고 마무리한 최종 이미지

이 파트의 의의는 스테이블 디퓨전을 이용하여 제품의 구도에 맞춰 정확한 이미지를 제작 가능하다는 점입니다. 하지만 AI를 이용한 것 치곤 손이 많이 가고 시간도 다소 소요됩니다. 정석적인 방법을 따르셔도 좋고 다른 AI를 병행하여 좀 더 속도를 높이는 방법도 있습니다. 바로 뒤의 파트에서 이어나가도록 하겠습니다.

06. 제품에 맞는 배경 생성하기 - Photoshop

이번 파트는 포토샵에 어느 정도 지식이 있는 분들에게 익숙한 파트가 될 것입니다. 2024버전과 함께 출시된 포토샵의 생성형 AI 기능은 스테이블 디퓨전처럼 세밀한 작업은 불가능하지만, 전체적인 밑그림을 그려내기에는 탁월한 성능을 가지고 있습니다. 조금 더 전문적인 단계로 넘어가기 위하여, 스테이블 디퓨전의 AI뿐 아니라 포토샵의 생성형 AI를 병행하여 뛰어난 이미지를 생성해 보겠습니다.

사용법은 간단합니다. 누끼를 딴 하이힐 이미지를 그대로 사용하겠습니다. 하이힐 이미지에 커서를 둔 다음 [우클릭 - Load Selection(선택 영역 불러오기) - 확인] 버튼을 눌러 이미지 영역을 불러옵니다.

하이힐과 하이힐 영역만 불러오자

지금은 배경과 하이힐의 경계가 부자연스럽기 때문에 생성형 AI를 사용하면 어우러지지 않은 결과가 나올 수 있습니다. 영역이 선택된 상태에서 상단 바의 [Select(선택) - Modify(수정) - Contract(축소)] 버튼을 클릭합니다. 그 후 2~3 Pixel을 입력하여 선택 영역을 줄이면 하이힐과 배경의 이미지가 자연스럽게 생성될 것입니다.

선택 영역이 모서리 기준으로 줄어든 모습

이렇게 선택된 상태에서 하이힐에 커서를 두고 [우클릭 – Selct Inverse(반전선택)]를 누르면 하이힐을 제외한 배경이 선택 영역으로 됩니다.

하이힐을 제외한 배경 전체가 선택되었다

배경이 선택된 상태에서 [생성형 채우기]를 연 뒤 프롬프트를 입력하면 배경이 생성됩니다. 저는 White flower garden을 입력하도록 하겠습니다. 원하는 프롬프트를 입력하였다면 이미지를 생성해 봅시다.

포토샵의 AI가 생성한 배경

하이힐의 채도와 색감에 맞춰 배경이 생성되었습니다. 이미지를 생성하는 기능은 분명 SD보다 강력하지만, 아직 디테일 적으로는 수정할 부분이 남아 있습니다. 3 Pixel을 줄인 상태로 배경을 생성했기 때문에 하이힐의 밑창 같은 부분이 살짝 변형되었기 때문입니다. 우선 하이힐의 레이어를 위로 올려 원본 제품의 형태가 나오도록 만들겠습니다.

원본 하이힐을 맨 위로 올린다

그 후 도장 툴을 사용해 모서리를 다듬겠습니다. 이때 생성한 AI 이미지는 레스터화 되지 않았기 때문에 편집할 수 없을 것입니다. AI 이미지에서 [우클릭 – 레이어 레스터화]버튼을 눌러 레스터화한 뒤 편집합니다.

이미지를 레스터화한 뒤 다듬은 모습

이 정도로 만족하실 분도 계시겠지만, 필자는 좀 더 완벽한 이미지를 위하여 힐 부분의 그림자를 수정하겠습니다. 포토샵에서 아주 간단한 그림자를 생성한 다음 스테이블 디퓨전에서 인페인트 한다면 훨씬 자연스러운 이미지가 될 것입니다.

먼저 **원본 하이힐 레이어와 배경 이미지 레이어 사이에 새로운 레이어를 만들어줍니다.** 이후 경도를 0으로 한 뒤 검은색 브러쉬 툴로 간단하게 그림자를 칠해줍니다.

간단한 그림자만으로도 충분하다

이제 상단 바에서 [Filter(필터) – Blur(흐림 효과) - Gausian Blur(가우시안 흐림 효과)]를 누르도록 합시다. 30의 수치를 입력 후 레이어의 불투명도를 55%로 설정합시다.

가우시안 블러와 불투명도를 활용한다

가우시안 블러가 적용되어 그림자가 흐려진 모습

불투명도를 낮추면 좀 더 자연스러워진다

이제 인페인트를 할 준비는 끝났습니다. 이미지를 저장한 뒤 스테이블 디퓨전의 [Inpaint] 탭에서 업로드합니다. 그 후 그림자가 포함된 바닥과 하이힐 밑부분을 전체적으로 마스크를 씌웁니다. 새로운 그림자를 생성하기 위하여 [original – Whole picture]로 설정하고 'Denoising strength'를 '0.55'로 선택합니다.

하이힐 밑부분과 그림자에 마스크를 씌운다

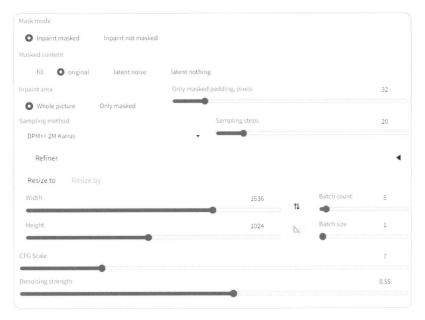

새로운 그림자를 생성하기 위한 옵션

컨트롤넷 옵션을 정할 차례입니다. 하이힐의 입체감을 그대로 유지하고 그림자를 생성하기 위하여 'Depth' 모델을 선택하겠습니다. 하이힐의 형태가 변하지 않도록 'Control Weight'를 '0.9 ~ 1' 사이로 설정합니다.

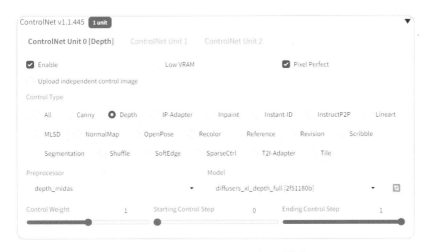

Depth를 이용해 하이힐의 모양을 유지한다

이제 프롬프트만 입력하면 끝입니다. 보이는 이미지 그대로 입력하겠습니다. 간단하게 white flowers, white flower garden, high heel을 입력하고 이미지를 생성합시다.

새로운 그림자가 생성된 모습

그림자가 뿐만 아니라 꽃까지 희미하게 반사되어 디테일이 매우 강화되었습니다. 하지만 제품의 형태가 살짝 변했군요. 변형된 이미지는 포토샵으로 옮긴 후 수정하겠습니다. 원본 제품 레이어를 맨 위로 옮긴 뒤 변형된 부분을 도장 툴로 지워내면 끝입니다.

포토샵과 스테이블 디퓨전의 AI를 동시에 사용한 결과물

포토샵 AI의 장점과 스테이블 디퓨전의 장점을 활용하여 광고에 어울리는 이미지를 만들어 보았습니다. 새로운 기술은 계속해서 나오지만, 세세한 구도와 디테일한 수정의 기능은 아직 스테이블 디퓨전을 따라오지 못하고 있습니다. 따라서 스테이블 디퓨전의 기초를 탄탄하게 다진다면 새로 나오는 기술을 유동적으로 활용하여 남들보다 빠르게 발전할 수 있을 것입니다.

07. 사진을 활용하여 일러스트 만들기

지금까지 원하는 자세의 캐릭터를 만들기 위하여 인터넷에서 다운로드한 사진과 3D 데생, 각종 컨트롤넷을 이용한 방법을 배웠습니다. 하지만 가장 확실한 방법은 직접 그 자세를 취하는 것이겠죠. 이 파트에서는 직접 촬영한 사진을 활용하여 여기사 일러스트를 만드는 작업을 진행하도록 하겠습니다. 이 책에서 언급한 모든 기술을 활용하기 때문에 살짝 어려울 수도 있지만, 익숙해진다면 쉽게 진행할 수 있는 파트입니다.

이 파트에서는 'RealCartoon3D' 체크포인트를 활용하였습니다. 3D 느낌의 일러스트를 제작할 수 있을 뿐만 아니라 다양한 데이터가 학습되어 있어서 여러 그림을 묘사하는데 매우 유용한 체크포인트입니다. 필자는 RealCartoon3D V16, Full Model을 다운로드하여 이미지를 만들어보겠습니다.

• https://civitai.com/models/94809/realcartoon3d

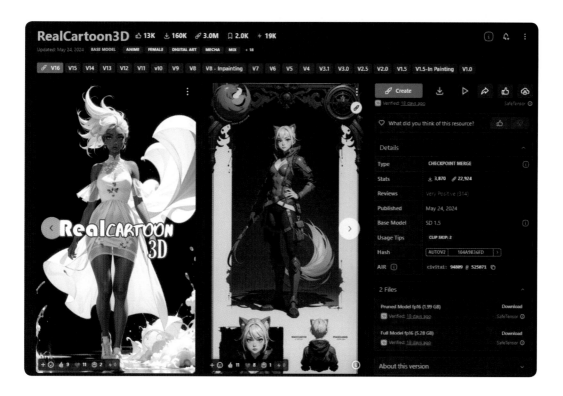

다음과 같이 원하는 자세의 사진을 준비합시다

검과 방패를 들고 있는 여기사의 일러스트를 만들기 위하여 자세를 취한 사진을 준비하였습니다. 특별히 이 책의 집필을 도와주신 출판사의 박** 담당자님께서 사진 촬영에 협조해 주셨습니다. 모든 이미지 사이즈는 768*1152 Pixel로 통일하겠습니다. 여기사의 자세를 준비했으니, 배경부터 하나씩 준비하겠습니다. 들판과 성을 배경으로한 이미지를 만들기 위하여 프롬프트를 다음과 같이 적습니다.

- **Prompt:** man is standing, focus on man, man is holding a sword, fantasy illustration, grass field, detailed background, castle, front view,
- **Negative prompt:** nsfw, watermark,

Q castle, grass field와 같은 프롬프트만 적으면 될 텐데, 왜 man is standing, fcous on man 같은 프롬프트도 작성하였나요?

A 단순히 castle, grass field만 입력할 경우 성 위주의 배경만 나올 확률이 매우 높기 때문입니다. 사람과 관련된 프롬프트를 넣으면 주요 피사체가 사람이 되기 때문에 편집하기 용이합니다.

배경과 함께 생성된 남기사의 이미지

제법 그럴싸한 구도가 생성되었지만, 남기사와 관련된 프롬프트를 입력했기에, 원하는 이미지와 상관없는 인물도 생성되었습니다. 우선 인물을 지운 뒤 원하는 인물로 대체한다면 배경과 훨씬 어울리는 결과물이 나올 것입니다. 인페인트나 기타 컨트롤넷을 사용하여 조금씩 지워도 되지만, 이번엔 포토샵을 활용하여 빠르게 진행해 보겠습니다. 포토샵에서 남기사와 그림자를 포함한 영역을 선택하도록 합시다. Lasso Tool(올가미 도구)을 활용한다면 쉽게 선택할 수 있습니다.

영역을 자유롭게 설정하는 올가미 도구

남기사와 그림자까지 영역을 선택한다

영역 선택이 완료되었다면 Generative fill(생성형 채우기) 버튼을 누르기만 하면 끝입니다. 참고로 포토샵에서 프롬프트를 입력할 때, 아무런 단어도 입력하지 않아야 피사체를 배경에서 자연스럽게 제거할 수 있습니다.

기존 그림체를 반영하여 피사체를 제거해 준다

이제 원하는 자세의 여기사 일러스트를 만들기 전에, 배경 이미지를 마무리하겠습니다. [Original - Only masked]를 활용하여 성과 배경을 인페인트 합시다.

인페인트로 디테일을 향상시킨 이미지

배경 이미지가 준비되었으니 이제 여기사의 일러스트를 만들 차례입니다. 처음부터 기사의 옷을 입히는 것이 아니라, 밑그림 준비부터 하나씩 준비하겠습니다. txt2img에서 여기사의 일러스트 밑그림을 제작하겠습니다.

- ⊙ **Prompt:** girl is standing, focus on girl, girl is holding a sword, fantasy illustration, detailed background
- ⊙ **Negative prompt:** nsfw, watermark

프롬프트를 입력하였다면 이제 컨트롤넷을 설정할 차례입니다. 컨트롤넷은 두 가지를 사용하겠습니다. 자세를 인식하게 만드는 'OpenPose'와 공간감을 인식하게 만드는 'Depth'입니다.

보다 명확한 포즈 인식을 위하여 Preprocessor로 [dw_openpose_full]을 사용하였습니다. 'Control Weight'는 '1'로 설정하여 정확한 자세를 따라 하도록 합니다.

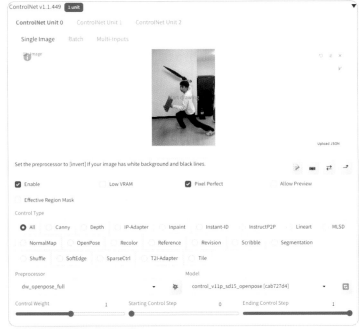

OpenPose 컨트롤넷 세팅

첫 번째 컨트롤넷 준비가 끝났다면 두 번째 컨트롤넷을 세팅할 차례입니다. Controlnet Unit 1을 누르고 [Enable]을 눌러 활성화합시다. 마찬가지로 이미지를 업로드 한 뒤, 두 번째 컨트롤넷에서는 [depth] Model을 사용하겠습니다.

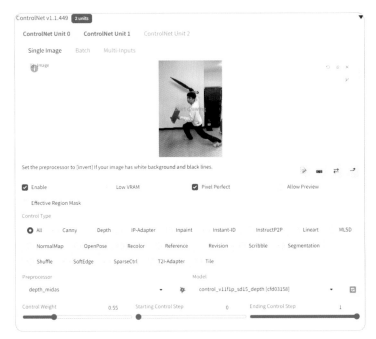

Depth 컨트롤넷 세팅

'Control Weight'를 OpenPose처럼 '1'로 둘 경우 이미지를 그대로 따라 하기 때문에 어색할 수 있습니다. '0.55'로 설정하여 보다 자유롭게 그리도록 만듭시다. Preprocessor은 [depth_midas]를 사용하겠습니다. 모든 컨트롤넷 세팅이 끝났다면 이미지를 생성하겠습니다.

1차로 완성된 여검사의 디자인

아직은 어색한 밑그림 일러스트만 제작되었습니다. 이 일러스트를 그대로 활용할 것이 아니기 때문에 안심하셔도 됩니다. 이 여검사를 미리 제작한 배경에 합성하도록 합시다. 포토샵이나 기타 사이트를 활용하여 누끼를 딴 뒤 일러스트에 옮겨두면 됩니다.

합성한 이미지

합성이 끝났다면 인페인트 작업을 통해 본격적으로 다듬어 보겠습니다. 우선 배경 이미지의 프롬프트와 여기사의 프롬프트를 합칩니다.

⊙ **Prompt:** girl is standing, focus on girl, girl is holding a sword, fantasy illustration, detailed background, grass field, detailed background, castle, front view

⊙ **Negative prompt:** nsfw, watermark

마스크를 다음과 같이 칠하여 인페인트를 준비합니다.

그림자가 생성될 영역을 포함하여 마스크를 씌운다

이제 인페인트의 옵션을 준비할 차례입니다. 여기사의 색상 픽셀을 그대로 사용하는 것이 아니라 배경 전체에 어우러지게끔 새롭게 인페인트하는 것이 목표이니 [Original - Whole Picture]를 설정합니다. 'Denoising strength'는 '0.6'을 설정하여 이미지에 많은 변화를 주도록 합니다.

인물의 자세를 유지하기 위하여 이미지를 생성할 때 사용한 'OpenPose'와 'Depth' 컨트롤넷 옵션을 그대로 사용하겠습니다.

인물과 배경이 자연스럽게 합쳐졌지만, 퀄리티가 부족합니다. 특히 기사라고 하기엔 갑옷도 부실한 데다가, 검과 방패의 형태도 이상합니다. 하나씩 디테일을 추가하겠습니다. 제일 먼저 상반신에 판금 갑옷을 입혀보겠습니다.

2차로 완성한 여기사 일러스트

상반신에 기사의 갑옷을 입힐 것이기 때문에 plate armor, knight armor, iron armor, iron gauntlet 등의 프롬프트를 추가한 뒤 인페인팅합니다. 우선 상반신 위주로 마스크를 씌우겠습니다.

상반신의 갑옷을 의식하며 마스크를 입히자

다음은 인페인트 옵션을 설정할 차례입니다. 새로운 갑옷 그림을 채워 넣을 것이기 때문에 [Fill - Whole Picture] 옵션을 선택하겠습니다. 'Denoising strength'도 '0.6 ~ 0.7'로 매우 높게 설정하여 새로운 일러스트를 만들겠습니다. 컨트롤넷은 이전의 OpenPose와 Depth 설정을 유지합니다.

상반신의 갑옷이 생성된 모습

기사다운 갑옷이 추가되었습니다. 하반신도 같은 방법으로 갑옷을 추가하겠습니다. `leg armor`, `plate leg armor` 등의 프롬프트를 입력한다면 보다 정확한 이미지를 얻을 수 있을 것입니다.

또한 필자는 Negative prompt에 `skirt`를 입력하였습니다. skirt를 입력하지 않을 경우 일본 판타지풍의 치마갑옷이 나오기 때문입니다. 이처럼 어떤 프롬프트와 네거티브 프롬프트를 입력하냐에 따라 결과가 달라지기 때문에, 원하는 이미지가 나오도록 조금씩 프롬프트를 수정해 봅시다.

많은 변화를 주기 위하여 'Denoising strength'를 '0.8'로 설정하고 Depth 컨트롤넷의 'Control Weight'도 '0.2~0.3'으로 낮게 설정하였으면 이미지를 생성합시다.

하반신 갑옷까지 생성되니 그럴싸한 기사의 모습이 되었습니다. 이제 인페인트 [Original - Only masked]로 디테일을 높인 뒤 손과 무기, 얼굴도 마저 이미지를 입혀보겠습니다.

하반신의 갑옷이 생성된 모습

우선 왼손과 오른손에 강철 장갑을 씌워봅시다. 만약 뜻대로 잘되지 않는다면 프롬프트를 바꾸거나, 원본 이미지를 조금 수정하는 것으로 원하는 이미지를 유도할 수 있습니다. 다른 툴을 이용하여 강철을 손에 대충 붙여 넣기 하는 것만으로도 이미지 제작에 큰 도움이 됩니다.

손등에 강철을 적당히 붙여 넣는다

손등이 강철로 덮였다면 AI가 강철 장갑으로 인식합니다. 이 상태로 [Original] 옵션을 선택한 뒤 인페인트하면 멋있는 강철 장갑으로 바뀔 것입니다. 나머지 설정은 [Whole Picture] 와 'Denoising strength' '0.6~0.7'을 추천합니다.

참고로 컨트롤넷 depth의 Control Weight를 무엇으로 하냐에 따라 결과가 달라지기도 합니다. '0.2 ~ 0.8' 사이를 이동하며 이미지 결과물을 비교해 본다면 실력 향상에 큰 도움이 될 것입니다.

양손에 장갑을 씌운 모습

이제 이미지 완성의 끝이 보입니다. 기존의 이미지를 인페인트 해도 괜찮지만, 이번엔 기존의 물체를 삭제하고 새로운 이미지를 만들어 합성하는 방법을 배워보겠습니다. 마찬가지로 포토샵이나 인페인트를 사용해 검과 방패를 삭제하도록 합시다.

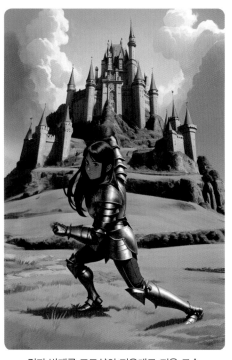

검과 방패를 포토샵의 지우개로 지운 모습

이제 여러분의 실력을 발휘할 차례입니다. 스테이블 디퓨전의 txt2img, 각종 LoRA, 구글에서 다운 받은 이미지, 혹은 다운 받은 이미지를 컨트롤넷으로 수정한 뒤 무기와 방패를 만드시면 됩니다. 필자는 구글에서 Sword와 Shield 검색해서 이미지를 다운로드 한 후, 컨트롤넷 Depth를 이용해 무기를 만들었습니다.

Q **왜 굳이 검, 방패 이미지를 만들기 위하여 컨트롤넷을 사용하나요?**

A 대부분의 체크포인트들이 인물과 결합된 데이터가 학습되어서 검, 방패 프롬프트를 입력하면 사람도 함께 나오기 때문입니다. 네거티브 프롬프트에 person, man, woman을 입력하여도 섞여서 나오는 경우가 대다수입니다. 따라서 인물이 없는 이미지를 만들려면 컨트롤넷이나 LoRA가 필요합니다.

필자가 만든 검과 방패의 모습

이미지를 생성하였으면 인물과 합성하겠습니다. 포토샵의 [자유 변형(Free Transform) - 왜곡 (Warp)] 기능을 활용한다면 좀 더 쉽게 제작이 가능합니다.

이미지를 합성했다면 인페인트 차례입니다. Open Pose를 활성화할 경우 강제로 손 그림이 나타나는 경우가 많으니 'OpenPose'를 비활성화하도록 합시다.

방패를 합성한 모습

현재 그림을 그대로 활용하되 배경에 맞게 새로 생성할 예정이니 [Original - Whole Picture]를 활용하여 인페인트하겠습니다. 'Denoising strength'는 '0.45'로 낮게 설정하여 방패 디자인의 변형이 없도록 하겠습니다. 쓸모없는 프롬프트는 삭제한 뒤 Girl is holding a shield, shield, Knight shield 등을 추가한다면 더 자연스러운 결과물이 나올 것입니다.

인페인트가 끝난 방패이미지

같은 방식으로 검을 합성한 후 인페인트 하겠습니다. 조금씩 설정을 바꿔가며 최적의 옵션을 찾아봅시다.

검을 합성한 이미지 / 인페인트를 마친 이미지

옷과 무기가 끝났으니 취향껏 여성의 얼굴을 바꿔보겠습니다. 저는 금발, 푸른 눈동자, 여성의 이미지를 생성하겠습니다. 프롬프트에 Blonde hair, White skin, blue eyes를 추가해 주세요. 그리고 새로운 머리카락을 채워넣기 위하여 [Fill - Whole Picture] 옵션을 선택합니다.

변화를 많이 주기 위하여 'Denoising strength'도 '0.8'로 높이겠습니다. 인물과 관련된 수정이기 때문에 OpenPose를 다시 활성화하고 촬영한 사진과 시선을 동일하게 유지하겠습니다. 마음에 드는 이미지가 생성되었다면 다시 한번 인페인트하여 디테일을 강화합시다.

마스크를 씌운 이미지 / 프롬프트를 적용한 이미지

인페인트를 끝낸 이미지

이렇게 여기사의 이미지가 완성되었습니다. 하지만 저는 아직 뭔가가 부족해 보입니다. 기사에게 있어 없어서 안되는 아이템이 빠졌기 때문이죠. 바로 망토입니다! 파란색 망토가 있다면 보다 역동적이고 영웅적인 모습이 강조될 것입니다. 함께 망토를 만들어봅시다. 그림판 등을 통해 원하는 위치에 페인트를 칠하면 됩니다.

그림판으로 파랗게 칠한 망토

멋있는 망토를 상상하며 페인트칠을 끝냈다면 인페인트를 할 차례입니다. 이때 컨트롤넷이 켜져 있으면, 파란색 물감 덩어리를 이상하게 인식하기 때문에 모든 컨트롤넷을 끄도록 합시다. 그 후 파란색을 바탕으로 생성하되, 전체적으로 새로운 이미지를 생성할 것이기 때문에 [Original - Whole Picture] 옵션을 선택하도록 합시다. 너무 많은 변화를 주면, 갑옷에도 영향이 있을 수 있기 때문에 'Denoising strength'를 '0.6'으로 설정하겠습니다. 이때 망토뿐만 아니라 갑옷에도 약간의 마스크를 씌워 갑옷에 망토가 붙어있다는 것을 인식시키면 좋습니다. 마지막으로 푸른 망토를 생성하기 위해 Blue cape 프롬프트를 추가하였습니다.

⊙ **Prompt:** blonde hair, blue eyes, girl is standing, blue cape, fantasy
illustration, detailed background, grass field, detailed background, castle,
front view, plate armor, knight armor, iron armor, leg armor, full plate
gauntlet, full plate glove, white skin

마스크를 씌운 이미지 / 인페인트 후의 이미지

마음에 드는 결과물이 나왔다면 디테일을 업그레이드할 시간입니다. [Original - Only Masked]를 선택 후 'Denoising strength'를 '0.5 ~ 0.65' 사이로 설정해 다듬어 봅시다.

사용한 사진 이미지 / 최종 이미지

다양한 컨트롤넷과 디자인 툴을 병행하여 이미지를 완성하였습니다. 진행 방식이 마음에 드셨나요? 이 파트에서 사용한 방법 말고도 IP-Adapter를 활용하거나, Inpaint Anything을 활용할 수도 있습니다. 최고의 이미지를 만들기 위한 방법은 한가지가 아닙니다. 스테이블 디퓨전에 익숙해진다면 자신만의 루틴이 생겨 작업 과정도 단순화될 것이고, 속도도 빨라질 것입니다. 어떤 기능과 컨트롤넷을 사용할 것인지는 여러분의 몫이니 자유롭게 생성해 봅시다.

CHAPTER

07

알아두면 좋은 지식

01. Webui-user.bat 파일 편집

이 파트에서는 Webui를 시작하기 전에 Webui-user.bat 파일을 수정하여 보다 상세하게 세팅하는 법에 대해 다룰 것입니다. Chapter 01에서 이에 대해 짧게 다루었으나, 미처 담지 못한 다양한 최적화 방법을 소개하겠습니다.

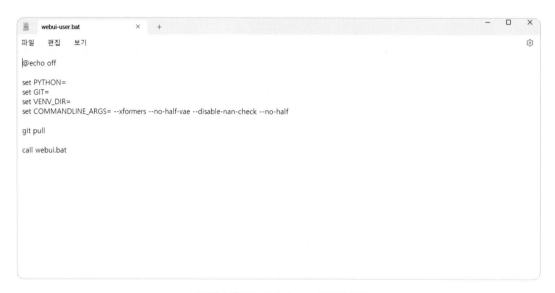

필자가 사용하는 Webui-user 파일의 세팅

우선 Webui-user.bat 파일을 더블클릭하여 실행시키지 말고, Chapter 01에서 했던 것처럼 [우클릭 - 메모장에서 편집(혹은 편집)] 버튼을 눌러서 메모장의 형태로 열어봅시다. 'set COMMANDLINE_ ARGS='라고 적힌 글 뒤에 '--영어단어'들이 적힌 것을 확인할 수 있습니다. 여기서 각각의 '--영어 단어'는 Webui 전체에 영향을 주는 세팅값이라고 보면 이해하기 쉽습니다. Webui를 실행 중이라면 종료한 다음, 메모장을 편집 후 다시 실행해야 세팅이 반영됩니다. '--영어단어'를 적을 때 한 칸씩 띄우고 작성하지 않으면 정상적으로 실행되지 않기 때문에 주의해 주세요.

ex: set COMMANDLINE_ARGS= --xformers --no-half-vae --disable-nan-check --no-half (O)

　　set COMMANDLINE_ARGS= --xformers--no-half-vae--disable-nan-check--no-half (X)

이제 세팅하는 법에 대해서도 알게 되었으니, 본격적으로 파일을 수정해 봅시다. 가장 중요한 설정인 'xformers'에 대해 알아봅시다.

xformers

xformers는 중요한 세팅이기 때문에 별개로 분리하여 설명하겠습니다. xformers는 오직 엔비디아 계열 그래픽카드를 사용할 때만 사용가능한 옵션입니다.

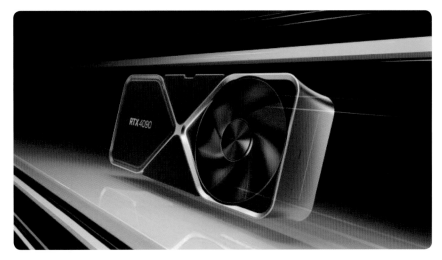

오직 엔비디아 계열 그래픽카드만 사용가능한 옵션

xformers를 사용하게 되면 VRAM 사용량을 줄이게 되어 전체적으로 이미지 생성 시간을 빠르게 만들 수 있습니다. xformers의 설치는 메모장에 --xformers를 입력하는 것만으로도 간단하게 할 수 있습니다. 그렇기 때문에 엔비디아 그래픽카드 사용 유저라면 꼭 추천하는 옵션입니다.

기타 세팅

굉장히 다양한 세팅이 가능하지만, 이 책에서는 편리한 용도의 세팅이나 오류 상황에 따라 유용한 것들을 위주로 소개하겠습니다.

- **theme dark**: 다크모드로 실행합니다.
- **no-half-vae**: WebUI에서 이미지를 생성할 때 modules.devices.NansException관련 에러가 나타나는 경우가 있습니다. VAE와 관련된 에러가 생겨서 이미지 생성에 문제가 생기는 것인데, --no-half-vae를 입력하면 해결할 수 있습니다.
- **no-half**: NaN값과 관련하여 에러가 발생하는 경우가 있습니다. NansException: 로 시작하는 굉장히 긴 에러 문장이 뜨는 경우가 생긴다면 이 세팅을 입력하세요.
- **lowvram (medvram)**: 그래픽카드의 VRAM이 낮아 이미지 생성이 불가능하다면 이 세팅을 입력하여 VRAM 사용량을 줄여 이미지 생성을 가능하게 할 수 있습니다. (대신 이미지 생성 속도가 느려집니다.)

이 세팅들 외에는 사용하는 경우가 드뭅니다. 보다 다양한 세팅값들은 다음 링크에서 확인가능합니다.

- https://github.com/AUTOMATIC1111/stable-diffusion-webui/wiki/Command-Line-Arguments-and-Settings

git pull (WebUI 업데이트)

Webui를 설치한 후 업데이트를 하지 않는다면, 해당 버전에서 계속 머무르게 될 것입니다. 이 때문에 주기적인 업데이트가 필요합니다. 'git pull'를 입력한다면 Webui를 실행할 때마다 자동으로 최신버전 업데이트를 할 수 있습니다.

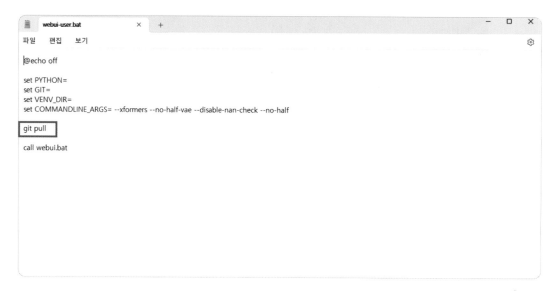

set COMMANDLINE_ARGS= 과 call webui.bat 사이에 git pull을 입력하자

입력법은 간단합니다. 'set COMMANDLINE_ARGS=' 과 'call webui.bat' 사이에 'git pull'을 입력하면 끝입니다. 다만 git pull을 입력한 후 주의해야 할 점이 있습니다. Webui를 업데이트했을 때, 다른 확장 기능들이 제대로 작동하지 않거나 오류가 생길 수 있다는 것입니다. 그렇기 때문에 reddit이나 Webui를 설치하는 github 홈페이지에서 최신 정보를 확인 후, 수동으로 업데이트하는 방법도 추천드립니다.

WebUI 버전 다운그레이드하는 방법

WebUI를 업데이트하는 것과 반대로 이전의 버전으로 되돌리는 방법 또한 존재합니다. 하지만 앞에서 설명한 것처럼 메모장에서 입력하기 전에 해야 할 것이 있습니다. 우선 WebUI를 실행하여 맨 하단의 버전을 찾아봅시다.

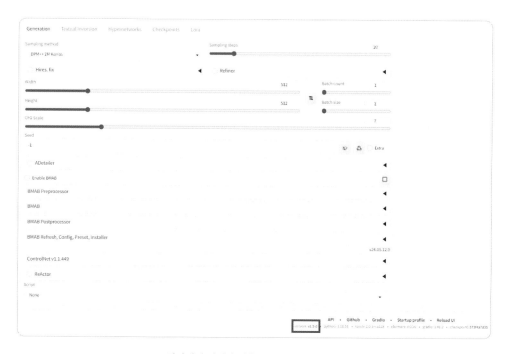

WebUI 하단에서 자신이 사용 중인 버전을 확인할 수 있다

WebUI 하단에서 자신의 버전을 확인 가능하며, 이를 클릭하면 Stable Diffusion 버전과 관련된 Github 페이지로 이동하게 됩니다.

이동하면 다소 복잡한 화면을 보게 될 것입니다. 하지만 여러분이 직접 건드릴 부분은 없으니 걱정하지 않으셔도 됩니다. 이미지의 네모 안의 버전이 바로 현재 나온 버전들 중 가장 최신 버전입니다. 현재 책 집필 날짜 기준으로 최신 버전은 1.9.4 버전이군요. 우선 다운그레이드에 앞서 최신버전을 눌러 페이지를 이동합시다.

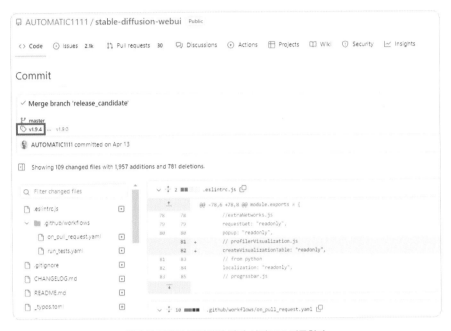

하단의 버전을 클릭하면 관련 사이트로 이동한다

해당 버전의 소스 코드들을 확인할 수 있는 페이지로 이동하게 됩니다. 최신 버전이 아니라 과거의 버전으로 바꾸려면, 과거 버전의 소스 코드들이 필요합니다. 다른 버전의 코드를 보기 위하여 Releases를 누릅시다.

버전들과 함께 Releases라고 적힌 글을 확인 가능

스크롤이 굉장히 길게 나타날 것입니다. WebUI의 기존 버전들이 모두 기록되어 있기 때문입니다. 각 버전 밑에는 소스코드들이 적혀있습니다. 이 소스코드들이 다운그레이드에 필요하기 때문에 복사합시다.

버전 번호 하단에 소스 코드들이 적혀있다

소스코드 복사가 끝났다면 현재 실행 중인 cmd와 Webui를 모두 닫아주세요. 그리고 다시 webui-user.bat 파일을 메모장으로 편집하겠습니다.

git pull이 아닌 git reset을 입력해야 한다

이제 메모장에서 입력할 차례입니다. git reset --hard '이전 버전의 소스코드'를 입력하고 메모장을 저장한 후에 닫습니다. 그 후 Webui-user.bat 파일을 실행한다면 버전이 다운그레이드될 것입니다. 다운그레이드가 끝난 후에는 git reset --hard와 관련된 문장을 제거하도록 합시다. 그렇지 않을 경우 Webui를 실행할 때마다 다운그레이드를 반복하기 때문입니다.

02. 오류 해결법 찾기

설치나 세팅 과정에서 나도 모르게 실수했거나, 혹은 정말로 운이 없는 경우에 영문 모를 에러가 발생하는 경우가 드물게 나타납니다. Stable Diffusion을 독학하는 과정에서 이런 오류가 발생하면 정말 포기하고 싶다고 느껴질 것입니다. 하지만 이런 오류를 한 번이라도 해결하게 된다면 별문제가 아니라는 것을 알게 될 것이며, 나아가 스테이블 디퓨전 전문가가 되기 위한 큰 도약을 이룰 것입니다.

```
명령 프롬프트 - webui-user.b: ×   +  ∨                                                    —    □    ×
Installing sd-dynamic-prompts requirements.txt

Installing sd-webui-controlnet requirement: svglib

Launching Web UI with arguments: --xformers --no-half-vae
C:\Users\Rupicat\AiImage\stable-diffusion-webui\venv\lib\site-packages\torchvision\transforms\functional_tensor.py:5: Us
erWarning: The torchvision.transforms.functional_tensor module is deprecated in 0.15 and will be **removed in 0.17**. Pl
ease don't rely on it. You probably just need to use APIs in torchvision.transforms.functional or in torchvision.transfo
rms.v2.functional.
  warnings.warn(
WARNING[XFORMERS]: xFormers can't load C++/CUDA extensions. xFormers was built for:
    PyTorch 1.13.1+cu117 with CUDA 1107 (you have 2.1.0.dev20230320+cu118)
    Python  3.10.9 (you have 3.10.6)
  Please reinstall xformers (see https://github.com/facebookresearch/xformers#installing-xformers)
  Memory-efficient attention, SwiGLU, sparse and more won't be available.
  Set XFORMERS_MORE_DETAILS=1 for more details
Civitai Helper: Get Custom Model Folder
Civitai Helper: Load setting from: C:\Users\Rupicat\AiImage\stable-diffusion-webui\extensions\Stable-Diffusion-Webui-Civ
itai-Helper\setting.json
Civitai Helper: No setting file, use default
Installing openmim
Installing mmcv-full
Error loading script: ddetailer.py
Traceback (most recent call last):
  File "C:\Users\Rupicat\AiImage\stable-diffusion-webui\modules\scripts.py", line 229, in load_scripts
    script_module = script_loading.load_module(scriptfile.path)
  File "C:\Users\Rupicat\AiImage\stable-diffusion-webui\modules\script_loading.py", line 11, in load_module
    module_spec.loader.exec_module(module)
  File "<frozen importlib._bootstrap_external>", line 883, in exec_module
```

보기만 해도 머리가 아프다

검은 바탕에 알 수 없는 오류들이 나오면 이유도 모르겠고 정말 그만두고 싶을 것입니다. 책을 따라 하면서도 이 순간을 맞이하는 때가 올 수도 있고, 책에서 제시한 해결책이 통하지 않는 때도 있습니다.

이런 오류창을 보게 된다면 당황하지 말고 에러와 관련된 문장을 찾아봅시다. 에러와 관련된 모든 문장을 복사하여 검색한다면 답을 찾을 수 없으니 최대한 간략한 문장을 검색해야 할 것입니다. 이 에러 이미지에는 'error loading script ddetailer.py'로 시작하는 문장이 보이는 군요. 'error loading script ddetailer.py'를 구글에 검색해 봅시다.

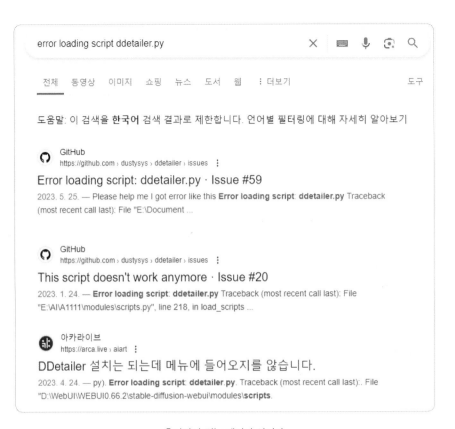

error loading script ddetailer.py 검색 결과 화면

전체 동영상 이미지 쇼핑 뉴스 도서 웹 ⋮ 더보기   도구

도움말: 이 검색을 **한국어** 검색 결과로 제한합니다. 언어별 필터링에 대해 자세히 알아보기

GitHub
https://github.com › dustysys › ddetailer › issues ⋮
Error loading script: ddetailer.py · Issue #59
2023. 5. 25. — Please help me I got error like this **Error loading script**: **ddetailer.py** Traceback
(most recent call last): File "E:\Document ...

GitHub
https://github.com › dustysys › ddetailer › issues ⋮
This script doesn't work anymore · Issue #20
2023. 1. 24. — **Error loading script**: **ddetailer.py** Traceback (most recent call last): File
"E:\AI\A1111\modules\scripts.py", line 218, in load_scripts ...

아카라이브
https://arca.live › aiart ⋮
DDetailer 설치는 되는데 메뉴에 들어오지를 않습니다.
2023. 4. 24. — py). **Error loading script**: **ddetailer.py**. Traceback (most recent call last):. File
"D:\WebUI\WEBUI0.66.2\stable-diffusion-webui\modules**scripts**.

혼자만이 겪는 에러가 아니다

에러와 관련된 문장을 검색하게 되면 국내부터 시작하여 전 세계까지, 여러분과 같은 에러로 고통받는 사람들을 볼 수 있을 것입니다. 사이트에 들어가면 에러에 대한 해결책이 자세하게 나와 있기 때문에 차근차근 따라 한다면 에러를 분명 해결할 수 있습니다. Github에 있는 내용들은 전문적으로 설명되어 있기 때문에 매우 유용합니다.

Stable Diffusion을 익히는 사람들의 대다수는 혼자서 오류를 해결하지 못하여 포기하거나 txt2img처럼 간단하게 프롬프트를 입력하여 이미지 생성하는 것에 만족할 것입니다. 하지만 여러분이 오류에 대한 공포만 떨쳐내고 혼자서 해결하는 방법을 터득한다면 그것만으로도 앞서 나아가는 전문가가 될 수 있습니다.

03. ComfyUI?

만약 이 책을 통해 입문하기 이전에 Stable Diffusion에 대한 배경지식이 있다면 ComfyUI에 대해서도 궁금해하실 것입니다. 나아가 이 UI를 사용하는 것 또한 고려하고 있겠지요.

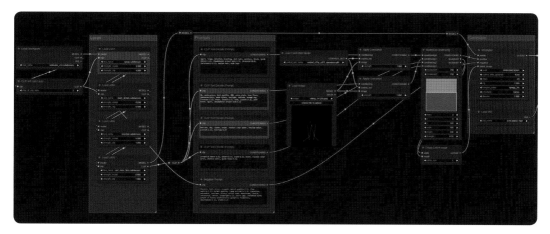

놀랍게도 이것이 이미지를 생성하기 위한 과정 중 하나이다

이미지를 보면 선들이 복잡하게 연결된 것을 확인할 수 있습니다. 마치 공장의 제조 방식처럼 일정한 공정 과정을 통해 이미지를 생성하게 되지요. 이를 워크플로우라고 부릅니다. 이 워크플로우를 활용한다면 이미지 생성 과정의 상당 부분을 자동화할 수도 있습니다. 또한 WebUI보다 이미지 생성속도가 빠르고, 다양한 워크플로우를 간단하게 공유할 수 있어서 매우 매력적인 UI입니다. 필자도 WebUI와 병행하여 사용 중이기도 합니다.

Q **그렇다면 WebUI의 상위 호환 버전이 ComfyUI인가요?**

A 그렇진 않습니다. WebUI가 작업이 유용할 때가 있고, ComfyUI가 편리한 상황이 존재할 때도 있습니다. 상황과 용도, 그리고 각자 취향에 따라 UI를 선택하면 됩니다.

Q **WebUI가 아닌 ComfyUI로 입문하면 안되나요?**

A 그러셔도 좋습니다. 그러나 저는 WebUI로 먼저 시작하는 것을 추천합니다. 그 이유는 작동 원리가 같기 때문입니다. 당장 WebUI의 설치 과정에서 어려움을 겪거나 에러를 해결하는 과정에서 포기하고 싶으신 분들도 많습니다. ComfyUI로 시작하면 배워야 할 것이 더 많기 때문에, WebUI를 익숙하게 쓰게 되신 후 ComfyUI를 도전하는 것을 추천합니다. 이 책의 내용들을 능숙하게 따라 할 수 있게 된 후에 ComfyUI를 접한다면 굉장히 쉽다고 느껴질 것입니다.

04. 그래픽카드 없이 입문

스테이블 디퓨전을 입문하고 싶어도 그래픽카드나 컴퓨터의 낮은 사양 때문에 입문을 부담스러워하는 분들이 상당수 계십니다. 그런 분들을 위해서 대체 방법을 알려드리겠습니다.

Colab, Runpod

첫 번째 방법은 Google Colab(구글 코랩), Runpod(런포드)와 같은 클라우드 서비스를 이용하는 것입니다. 클라우드 서비스란, 인터넷을 통해 원격으로 부족한 사양을 제공받는 것을 말합니다. 그 때문에 비싼 장비를 사지 않아도 저렴한 가격의 서비스를 이용하는 것만으로 스테이블 디퓨전을 가동하는 것이 가능합니다.

AI와 관련된 API를 작동시킬 때 가장 많이 사용하는 구글의 코랩

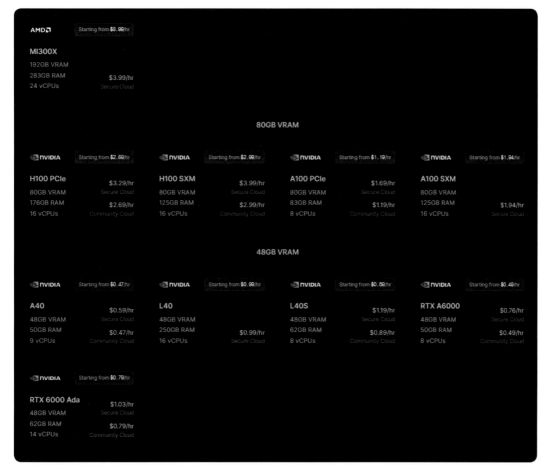

AI, 딥러닝에 사용되는 GPU뿐만 아니라 일반적인 GPU 선택도 가능한 런포드

그러나 필자의 주관에 따르면 이러한 방식은 권장하지 않습니다.

첫 번째 이유는 입문자들이 사용하기 매우 어렵다는 것입니다. 당장 스테이블 디퓨전을 입문하시는 분들이 이탈하는 가장 큰 이유는, 설치 단계에서 막혀 포기하는 것입니다. 코랩, 런포드에서 스테이블 디퓨전을 활용하려면 각 서비스에 맞게 설치해야 합니다. 또한 추가 확장 파일이나 익스텐션을 설치하고 불러올 때, 데스크탑에서 가동하는 WebUI보다 불편하며 시간도 오래 걸립니다.

두 번째 이유는 장기적으로 봤을 때 그래픽카드보다 많은 비용이 발생한다는 점입니다. 컴퓨터를 많이 사용하면 전기세를 많이 내듯이, 스테이블 디퓨전을 많이 사용할수록 클라우드 서비스의 비용은 커집니다. 실력을 기르기 위한 제일 좋은 방법은 오랜 기간 이미지를 만들며 연습하는 것이기 때문에, 노력할수록 비용이 커지는 방법은 적합하지 않습니다.

따라서 "비교적 어려워도 상관없고 짧은 기간 동안 맛보기를 하고 싶다." 싶은 분들에게 추천하는 방법입니다.

웹 서비스

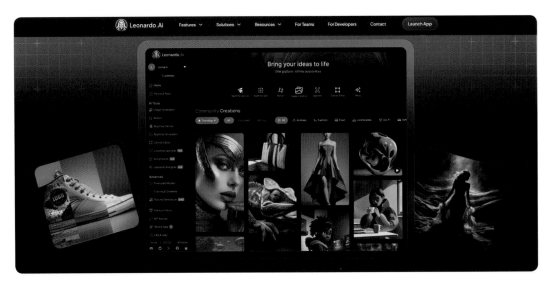

유명한 스테이블 디퓨전 기반 웹서비스 중 하나인 Leonardo AI

AI 이미지 웹 서비스 중에는 스테이블 디퓨전의 API를 이식하여 제공하는 기업들도 있습니다. 스테이블 디퓨전의 유용한 기능들을 정리하여 쉽게 사용할 수 있게 만들어 두었습니다. 서비스마다 다르지만, 다른 생성형 AI들을 접목한 곳도 많으며 컨트롤넷을 제공하는 서비스도 있기 때문에 다양한 응용을 시도해 볼 수도 있습니다.

하지만 웹의 특성상 자유로운 커스터마이징과 새로운 기술들은 사용하는 것은 불가능합니다. 해당 서비스에서 제공하는 파일들만 사용이 가능하며, 자체적인 필터링이 걸려있어 자유로운 이미지 생성이 불가능합니다. 새로운 기술이 적용되는 시간도 매우 오랜 시간이 걸립니다. 따라서 스테이블 디퓨전의 실력을 연마하기에는 적합하지 않다고 생각합니다.

그럼에도 불구하고 WebUI를 설치할 수 없는 환경이라면 웹 서비스를 이용하는 것을 추천드립니다. 본격적인 공부에 앞서 짧게나마 사용해 본다면, 스테이블 디퓨전 입문에 대한 고민을 어느 정도 풀어줄 것입니다.

클라우드 서비스나 웹 서비스 모두 WebUI를 설치하여 장기간 연습하는 것에 비하면 배움의 깊이가 다르다고 느낍니다. 그렇지만 현실적으로 보았을 때 모든 입문자의 환경이 같을 수는 없습니다. 자신의 상황과 목적에 맞춰 서비스를 선택하는 것이 가장 현명하다고 볼 수 있기 때문에 최대한 다양한 방식으로 입문할 수 있는 방법을 남깁니다.

05. 상담

생성형 AI가 본격적으로 실무에서 사용되기 시작하면서 디자이너분들께 많은 고민이 생겼습니다. 영원히 인간의 영역일 줄 알았던 디자인에 AI가 침범하면서, 앞으로 디자인 관련된 일을 얼마나 지속할 수 있을지 고민하는 디자이너분들이 많아졌습니다. 특히 취업을 고민하는 대학생분들이나, 신입 및 주니어급 디자이너들 사이에서는 회사의 인원이 지속적으로 줄어드는 상황에서 어떻게 대처할 것인지 방향성을 잡지 못하는 분들도 많습니다.

강연을 하고 있는 필자

디자이너의 미래가 어떻게 될지에 대해 확실한 정답은 그 누구도 100% 확실하게 답할 수 없을 것입니다. 하지만 답답한 미래에 대한 고민을 어느 정도 해소할 수 있는 인사이트를 공유해 드릴 수는 있습니다. 단순히 Stable Diffusion을 사용하는 것 이상으로, 여러분과 함께 미래를 어떻게 대비할지 고민하고 여러 생각을 듣고 싶습니다.

만약 고민이 있거나 궁금한 점이 있다면 책에 있는 연락처를 통해 언제든지 질문을 남겨주세요. 바빠서 모든 분께 답변을 드리지 못할 수도 있지만, 최대한 많은 분께 정보와 인사이트를 공유할 수 있도록 노력하겠습니다.

후기

이 책은 단순히 AI 이미지 1장을 만들기 위한 책이 아닙니다. 스테이블 디퓨전에 대한 작동 원리를 알려드릴 뿐만 아니라, 새로운 기술들이 나와도 대처할 수 있는 방법을 공유하고자 작성한 책입니다.

수많은 디자이너들이 방황하고 있는 시대입니다. 다가오는 AI 시대에 어떻게 살아남을지, 어떤 기술을 익혀야할지 등 매우 많은 고민들이 있을 것입니다. 저 또한 그런 고민을 가지고 있었고 책과 인터넷에서 해답을 찾고자 하였지만 양질의 정보를 찾기가 매우 힘들었습니다.

스테이블 디퓨전을 독학하고 각종 기업들과 함께 작업을 진행하는 과정에서 찾은 답들을 모아서 책에 기록하였습니다. 단순히 프롬프트만 입력하는 방법만 알려주는 가짜 책이 아니라, 실질적으로 도움이 되는 방법을 드리고 싶었습니다. 이 책의 정보들이 여러분의 시행착오를 줄여주고, 해답을 찾는데 도움이 되었길 바랍니다.

책을 읽는 사람도 적은 시대에 책의 후기까지 꼼꼼하게 읽는 사람들은 그리 많지 않죠. 그럼에도 불구하고 스테에블 디퓨전의 전문가가 되기 여정을 마치고 나서도 저의 마음이 담긴 후기까지 읽어주신 독자 여러분들께 깊은 감사의 인사를드립니다.

마지막으로, 정말 뻔한 이야기이지만 책을 쓰는 과정에서 저 혼자의 노력이 있었다면 절대로 출간하지 못했을 것입니다. 책의 내용을 언제나 함께 고민해주며 사진 촬영까지 나서주신 박성호 담당자님과 디지털북스 관계자 여러분들. 생성형 AI를 적극적으로 실무에 적용할 수 있는 기회를 마련해주신 제일기획 프로님들. 그리고 포기하고 싶을 때에도 끝까지 달려나갈 수 있게 아낌없이 격려와 응원을 주신 친구와 가족들. 진심으로 감사드립니다.

김종헌(Hundred AI)

저자 협의
인지 생략

스테이블 디퓨전으로
AI 광고 이미지 만들기

1판 1쇄 인쇄 2024년 7월 25일
1판 1쇄 발행 2024년 7월 30일

—

지 은 이 김종헌
발 행 인 이미옥
발 행 처 디지털북스
정   가 25,000원
등 록 일 1999년 9월 3일
등록번호 220-90-18139
주   소 (04997) 서울 광진구 능동로 281-1 5층 (군자동 1-4, 고려빌딩)
전화번호 (02) 447-3157~8
팩스번호 (02) 447-3159

—

ISBN 978-89-6088-467-0 (93000)
D-24-11

DIGITAL BOOKS
디지털북스